EL LIBRO DE ORO DE LA HERMANDAD SAINT GERMAIN

SAINT GERMAIN

EL LIBRO DE ORO DE LA HERMANDAD SAINT GERMAIN

EDICIONES OBELISCO

Si este libro le ha interesado y desea que le mantengamos informado de nuestras publicaciones, escríbanos indicándonos qué temas son de su interés (Astrología, Autoayuda, Ciencias Ocultas, Artes Marciales, Naturismo, Espiritualidad, Tradición...) y gustosamente le complaceremos.

Puede consultar nuestro catálogo en www.edicionesobelisco.com

Colección Espiritualidad y vida interior
El libro de Oro de la hermandad de Saint Germain
Saint Germain

1.ª edición: abril de 1997
4.ª edición: octubre de 2023

Diseño de cubierta: *Enrique Iborra*

Edita: Ediciones Obelisco, S. L.
Collita, 23-25. Pol. Ind. Molí de la Bastida
08191 Rubí - Barcelona
Tel. 93 309 85 25
E-mail: info@edicionesobelisco.com

ISBN: 978-84-9111-067-5
DL B 8.649-2002

Impreso por CPI Black Print - Barcelona

Printed in Spain

EL LIBRO DE ORO DE LA HERMANDAD SAINT GERMAIN

He aquí la Sagrada Enseñanza que el Maestro Saint Germain ha dispuesto para Su Era de Oro, y que forma el Tercer Ciclo de Enseñanza de la Hermandad Saint Germain, después de lo cual el discípulo tiene pleno conocimiento de su presencia «YO SOY».

Cuanto más estudies y medites el contenido de este libro, más protegido y elevado serás, aunque también se te advierte que el Amado Maestro no duda ni usa de ningún disimulo para darte cuenta de los peligros y castigos a que te expones si enfocas tu atención en leyes, pasos y vibraciones inferiores a lo que por Él te es aquí enseñado.

Aquí siguen, pues, los Reglamentos Divinos. De su cumplimiento respondes tú.

Capítulo I

Allí donde se manifieste la VIDA, en todas sus actividades, ella es DIOS EN ACCIÓN. Es por la falta de conocimientos sobre la forma de aplicar el pensamiento-sentimiento, que los seres humanos están siempre impidiéndole el paso a la Esencia de Vida. De no ser por ello, la Vida expresaría su perfección con naturalidad y en todas partes.

La tendencia natural de la Vida es: Amor, Paz, Belleza, Armonía y Opulencia. Y continuamente la Vida surge para manifestar tanto más su perfección, siempre con el impulso vivificador que le es inherente.

«YO SOY»

«YO SOY» es la actividad de la Vida. Y resulta extraño que los estudiantes más sinceros no lleguen a captar siempre el verdadero significado de esas dos palabras.

Cuando dices «YO SOY» sintiéndolo, abres la fuente de la Vida Eterna para que de esa manera corra sin obstáculos a lo largo de su curso. Es decir, abres la puerta ancha a su flujo natural. Sin embargo, si dices «Yo no Soy» cierras la puerta en plena cara de esta Magna Energía.

«YO SOY» es la plena actividad de Dios. He colocado ante ti infinidad de veces la Verdad de «DIOS EN AC-

CIÓN». Debes comprender que la primera expresión de cualquier ser individualizado, donde sea en el Universo, bien lo sea en pensamiento, sentimiento o palabra, es «YO SOY», reconociendo de este modo su Propia Victoriosa Divinidad.

Tratando de comprender y aplicar estas poderosas, aunque sencillas leyes, el estudiante ha de mantener una vigilancia estricta sobre su pensamiento y su expresión. Cada vez que uno piensa o dice «no Soy», «no puedo» o «no tengo» está ahogando la Magna Presencia Interior, consciente o inconscientemente, de modo tan tangible como si se estrecharan las manos alrededor del cuello de alguien; sólo que, con respecto a una forma exterior, el pensamiento puede llegar ahacer que la mano deje de presionar en cualquier momento, mientras que cuando se declara no ser, no poder o no tener, se pone en movimiento la ilimitada energía que sigue actuando hasta que uno mismo la ataja, trasmutando su acción.

Esto te demostrará el enorme poder de que dispones para calificar, determinar u ordenar la forma en que quieres que actúe la gran energía de Dios. Y recuerda que los pensamientos ignorantes lanzados sin orden ni concierto, atan a la rueda de la reencarnación indefinidamente. Los habitantes de las ciudades mueren y se reencarnan en el mismo sitio muchas veces, porque han formado ligaduras que los atraen de nuevo al mismo ambiente. Por lo tanto, el estudiante que tiene que reencarnarse debe dar la siguiente orden: «La próxima vez naceré en una familia de gran luz». Esto le abrirá la puerta con gran rapidez en su progreso. Es decir, que mientras dure un decreto sin atajar, trasmutar o disolver, éste continúa imperando por siempre ¡y por disposición del propio individuo!

Es por esto que es importante saber lo que haces cuando usas expresiones incorrectas sin pensarlas, ya que estás empleando el más poderoso y Divino Principio de Actividad en el Universo, o sea, el «YO SOY».

No lo malinterpretes. No se trata de una expresión o idea oriental, extranjera, vana, liviana, ni de una exageración. Se trata del alto Principio de Vida usado y expresado a través de todas las civilizaciones que existen y hayan existido. Recuerda que lo primero que toda forma de vida consciente expresa de sí misma es «YO SOY». Es mucho más que «yo existo». Es más tarde, en su contacto con lo exterior, con actividades mal calificadas, que se comienzan a aceptar cosas menores que el «YO SOY».

Ahora podrás ver, amado discípulo, que cuando dices «estoy enfermo» estás invirtiendo deliberadamente la perfección natural que encierra el proceso vital.

A través de largas centurias de ignorancia e incomprensión, la humanidad ha cargado de falsedad e irrealidad hasta la atmósfera que la rodea, pues ya he dicho que cuando tú dices «estoy enfermo», es una mentira flagrante respecto a la Divinidad. ¡Ella (YO) no puede ser sino Perfecta y llena de Vida y Salud!

En el nombre de Dios, cesa, estudiante, de emplear esas expresiones falsas respecto a tu Divinidad, pues será imposible que tengas libertad mientras las uses. Jamás dejaré de insistirte en que cuando verdaderamente reconozcas y aceptes la Magna Presencia de Dios, «YO SOY» en tu interior, de un modo positivo, categórico, *no tendrás más condiciones adversas.*

En el nombre de Dios te ruego que cada vez que empieces a decir o a comentar que estás enfermo, pobre o en situaciones adversas parecidas, al instante inviertas la condición fatal para tu progreso, y declares mentalmente, pero con toda la intensidad de tu «YO SOY», ya que Él es todo salud, opulencia, felicidad, paz y perfección. Deja de darles poder a condiciones exteriores, a personas, lugares y cosas. El «YO SOY» es el poder de reconocer la Perfección en cada uno y en todas partes.

Cuando piensas en la expresión «YO SOY», significa que *ya sabes* que tienes a Dios en Acción expresando en tu vida. No dejes que las falsas apreciaciones y expresiones sigan gobernándote y limitándote. Piensa constantemente: «YO SOY», *por consiguiente, soy Dios en Acción*; «YO SOY» *Vida, Opulencia, Verdad, ya manifestados.*

De este modo, recordándote esta Presencia Invencible, mantienes la puerta abierta para que Él (la presencia «YO SOY») teja en tu manifestación exterior toda Su Perfección.

Jamás creas que puedes seguir usando decretos errados y que de alguna manera van a ser correctos para poder manifestar cosas buenas, porque es imposible que eso ocurra. ¡Quisiera poder marcarte a fuego en la conciencia «YO SOY» para que no pudieras apartarte del uso constante de esa Presencia Grande y Gloriosa que eres!

Si alguna condición imperfecta aparece en tu experiencia, declara fervientemente que no es verdad. Que tú sólo aceptas a Dios, es decir, la Perfección en tu vida. Cada vez que aceptes falsas apariencias se expresarán y manifestarán en tu vida y en tus experiencias. Y no se trata de que creas o no lo que digo. ESTO ES UNA LEY comprobada a través de eones de experiencia. La pongo en tus manos para liberarte.

Sabes perfectamente que al mundo occidental le gusta engañarse con la idea de que le basta con no creer o no aceptar la antigua idea oriental de la brujería, para estar liberado de ella. *La brujería no es sino el mal uso de los poderes espirituales*, los mismos que usamos para el bien. La peor clase de brujería es empleada hoy por la política con el uso del poder mental *mal calificado*. Si esta misma fuerza fuese empleada en sentido inverso, es decir, para recordar que la Acción de Dios está en cada persona que ocupa un puesto oficial, quien la emplease en esta forma no solamente se liberaría a sí mismo, sino que llenaría el mundo político de libertad y justicia, y pronto se viviría en un mundo natural donde la Acción de Dios imperaría en todo momento.

Como lo fue en Egipto lo es hoy. Quienes usan mal el poder mental se atan a la inarmonía, encarnación tras encarnación. Hazte el propósito: *Yo no acepto ni adopto condiciones del ambiente ajeno ni de nada de lo que me rodea. Sólo de Dios, del Bien, de mi* «YO SOY».

Necesitas adquirir el hábito de gobernar tu energía. De otro modo, siéntate varias veces al día y sosiégate. Sosiega tu ser exterior. Esto permite suplirte de energía. Aprende a ordenarla y controlarla. Si quieres que tu energía esté quieta, mantente quieto. Si la necesitas activa, permanece activo. Debes enfrentarte a las cosas y elevarte por encima de ellas.

El estudiante debe estar alerta para reconocer en sí mismo sus hábitos. No ha de esperar a que alguien se lo indique. Debe examinarse e intenar cortar todo lo que no sea perfecto. La forma de hacerlo es declarando que no se tiene tal o cual hábito indeseable. Por lo tanto, *siendo YO creación de Dios, soy Hijo de Dios Perfecto*. Con esto se logra una liberación que no es posible conseguir de ningún otro modo.

Mantenerse en viejas costumbres es como usar ropa antigua. Piensa que no debes esperar que otro te las recuerde. Nadie lo puede hacer por ti.

En este trabajo, en esta enseñanza y en esta radiación, todas las cosas viejas en el individuo salen para ser consumidas. Antes de quejarte de cada cosa que experimentes en ti y en tu mundo, recuerda que acuden para que las rechaces, las trasmutes. Cuida de no fijar la atención en aquello que quieres limpiar. Y es ridículo recordar las cosas que no resultaron. ¿No es algo maravilloso que después de siglos que vienes construyéndote limitaciones, puedas en poco tiempo limpiarlas y liberarte por medio de tu propia atención y esfuerzo? ¿No vale la pena? La forma más rápida de lograrlo es mediante el humor. La sensación liviana y alegre que da el humorismo permite hacer maravillosas manifestaciones.

Si te empeñas e invocas la Ley del Perdón puedes consumir todas las malas creaciones del pasado con la Llama Violeta Trasmutadora y ser libre. Debes concienciarte de que la Llama Violeta es la Activa Presencia de Dios actuando.

Cuando sientas el deseo de hacer algo constructivo, hazlo. Pon en ello empeño y lógralo, pese a todo. Que veas o no la manifestación, no debe preocuparte.

Aun cuando los estudiantes sólo conocen las cosas intelectualmente, no deben permitir que sus mentes expresen siempre las condiciones malas o equivocadas, pues esa actividad estropea el éxito. Parece mentira que las personas no dominen a este enemigo. Ningún estudiante podrá triunfar hasta que deje de regresar a las condiciones negativas que trata de superar.

El trabajo íntegro de un Maestro es el de tratar de hacerle comprender al estudiante lo que significa aceptar. Aquello con lo que el individuo esté de acuerdo, es lo que será aceptado por él. Si fija su atención en algo, estará unificándose con ese algo. Estará identificándose con ello, malo o bueno. Cuando la mente acepta o está de acuerdo con alguna cosa o condición, el individuo pasa a decretar aquello en su mundo.

Lo que escuches o medites con atención, estarás aceptándolo, poniéndote de acuerdo, identificándote con ello por virtud de tu atención. ¿Crees que un hombre que ve una serpiente de cascabel enroscada, camina deliberadamente hacia ella para que le muerda? ¡Naturalmente que no! Pues esto es lo que hacen los estudiantes cuando permiten que su atención regrese a los problemas.

La actividad interior gobierna de acuerdo con el Plan de Perfección. El exterior, cuando se le deja hacer, siempre gobierna equivocadamente. Cuando en tu mente se ilumina un cuadro constructivo, es una realidad, y surge a ella siempre que lo mantengas en tu recuerdo. Es posible hacerse tan consciente de la Presencia de Dios, que en cualquier momento se puede ver y sentir Su radiación derramándose en uno.

Para todo lo que él no quiere, el estudiante demuestra toda la confianza en el mundo exterior. Para todo lo que se desea, debe obligarse a tener la misma confianza en lo espiritual. Debe siempre confiar en sí mismo y debe pensar: «¿Cómo puedo usar las indicaciones que me han sido dadas para intensificar esta actividad?

Capítulo II

Cuando Jesús dijo: «Yo soy la Resurrección y la Vida», emitió una de las más grandes expresiones que nunca puedan darse.

Cuando dijo «YO SOY », no se refería a la expresión exterior, sino a la Magna, Maestra Presencia del Dios Interior, porque repitió: «Yo, de mi ser propio, no puedo hacer nada. Es el Padre nuestro, el "YO SOY", el que hace las obras».

También dijo Jesús: «YO SOY el Sendero, la Vida y la Verdad», reconociendo de este modo el único Poder: Dios en Acción dentro de Él.

Dijo asimismo: «YO SOY la Luz que ilumina cada hombre que viene al mundo», anunciando cada frase de vital importancia con las palabras «YO SOY». Una de las mejoras formas de liberar el poder de Dios: Amor, Sabiduría, Verdad, y ponerlo en acción en la experiencia exterior, es la declaración: «YO SOY» en todo y en cualquier cosa que se desee.

La frase más poderosa de todas, tal vez una de las más grandes que haya sido lanzada a la experiencia exterior por medio de la palabra, es: «*YO SOY la puerta abierta que ningún hombre puede cerrar*». ¿Ves cuán vital es esto? Cuando llegues a comprender plenamente esas afirmaciones magnas, te darás cuenta de la grandeza de su alcance.

Cuando reconoces y aceptas plenamente el «YO SOY», como la Magna Presencia de Dios en ti, en acción, *habrás dado uno de los mayores pasos hacia la liberación.*

Sin embargo, fíjate bien en la afirmación: *YO SOY la puerta abierta que ningún hombre puede cerrar.* Si pudieras realizarlo, tendrías la llave que te permitiría atravesar el velo de la carne, y llevando contigo toda la conciencia imperfecta que hubieras acumulado, la podrías trasmutar o elevarla a la perfección a la cual habrías llegado.

Jamás podré ponderar bastante la importancia de meditar en el «YO SOY» cuanto más mejor, como siendo la Magna, Activa Presencia de Dios en ti, en tu hogar, en tu mundo y en tus asuntos. Cada respiración es Dios en Acción dentro de ti. Poder expresar tu pensamiento y tu sentimien-to es Dios Activo en ti. Teniendo libre albedrío, es asunto tuyo calificar la energía que proyectas en pensamiento y sentimiento, determinando cómo quieres que actúen para ti.

Nadie puede preguntarse, ¿cómo hago para calificar la energía? Todo el mundo conoce la diferencia entre lo destructivo y lo constructivo en pensamiento, sentimiento y acción.

El estudiante, al recibir esta instrucción, debe analizar constantemente el motivo que lo impele para detectar si hay algún sentimiento de orgullo intelectual, de arrogancia o de testarudez en la mente y cuerpo exterior. Si hay algún deseo solapado de discutir o de probar que la instrucción está equivocada, en lugar de recibir la Bendición y la Verdad, es que el individuo ha cerrado de modo inconsciente la puerta, y por el momento ha anulado su habilidad de recibir el bien ofrecido.

Quiero recordarles a los discípulos que, no obstante sus opiniones personales acerca de lo que debe ser o no la Verdad, he comprobado a través de muchas centurias estas instrucciones condensadas que ahora les damos. Si se quiere recibir el mayor beneficio posible y obtener la comprensión que da la absoluta liberación, hay que oír con la mente enteramente abierta, con la conciencia de ser el «YO SOY». La activa Presencia de Dios en ti es tu habilidad certera de recibir, aceptar y aplicar sin limitaciones la intrucción que estás recibiendo, acompañada por la radiación. Esto permitirá a los estudiantes comprender estas sencillas, aunque magnas, aseveraciones de la Verdad, que los bendecirá y los liberará grandemente.

Hace muchos siglos que se le dice a la humanidad: «No se puede servir a dos amos». ¿Por qué? Porque no existe sino una inteligencia, una Presencia, un Poder que pueda actuar, y esa Presencia es Dios en ti. Cuando te vuelves a la manifestación exterior y crees en el poder de lo aparente, estás sirviendo a un dueño falso y usurpador que sólo encuentra una apariencia porque contiene energía de Dios, pero que usa mal.

Tu habilidad para levantar la mano y la vida que fluye a través de tu sistema nervioso, es Dios en Acción. Amados estudiantes: tratad de utilizar esta forma sencilla de recordar a Dios en Acción dentro de vosotros.

Cuando camines por la calle piensa por un momento: *Ésta es la Inteligencia Divina y el Poder que me hace caminar, y ésta es la Inteligencia que me dice a dónde voy*. Verás entonces que ya no es posible continuar sin comprender que cada movimiento que hagas es Dios en Acción. Cada pensamiento en tu mente es Energía Divina que te permite pensar. Sabiendo que éste es un hecho indiscutible, ¿por qué no adorar y dar plena confianza, fe y aceptación a esta Magna Presencia de Dios en cada uno, en lugar de mirar la expresión externa que está calificada y coloreada por el concepto humano de las cosas?

Cada forma exterior no es otra cosa que una parte de la

vida por medio de la cual se puede lograr saber el origen verdadero del ser, lo que se aprende a través de la propia experiencia; después, pasa a la plenitud de perfección de origen, apoyándose en la auto-conciencia que ha adquirido.

La expresión exterior de vida no es más que un constante y cambiante cuadro que la mente exterior ha creado, presumiendo ser el actor verdadero. De tal modo que la atención está constantemente fija en la apariencia externa que sólo contiene imperfecciones, lo cual ha hecho que los hijos de Dios olviden su propia Divinidad, teniendo que regresar a ella.

Dios es el Dador, el Recipendiario y el Don, y es el único Dueño de toda la Inteligencia, Sustancia, Energía y Opulencia que existen en el Universo. Si los hijos de Dios aprendieran a dar, sólo por el gozo de dar, bien amor, dinero, servicio o lo que sea, la expresión externa no carecería de nada. Sería imposible.

Lo desafortunado en la humanidad, que ha causado tanto egoísmo y condenación sin precedentes entre las personas, es la insistencia en la posesión personal de las maravillosas bendiciones de Dios. *Sólo hay un Amor actuando, una Inteligencia, Poder y Sustancia* en cada individuo, y eso precisamente es Dios. El toque de atención que se le puede dar a cada estudiante es contra el deseo de reclamar y apropiarse poder para sí sólo.

Si en cada acto de la personalidad se le diera pleno crédito y poder a Dios únicamente, ocurrirían transformaciones increíbles en quien así le entrega todo el crédito a quien le pertenece.

Raramente se han logrado comprender la oferta y la demanda. Positivamente hay abundante y omnipresente oferta, pero la demanda tiene que ser estipulada antes de que la Ley del Universo le permita surgir a la expresión y uso del individuo.

Ya que éste tiene libre albedrío, debe hacer la petición o la demanda de manera consciente, así como con plena determinación, y ya verá cómo no puede dejar de expresar no importa lo que sea, siempre que el individuo mantenga una conciencia resuelta y sin debilidades. La siguiente afirmación sencilla, usada con sincera determinación, le traerá al individuo todo lo que pueda posiblemente desear: *YO SOY la gran opulencia de Dios hecha visible en mi uso ahora y continuamente.*

El elemento limitador que tantos estudiantes sienten es, por ejemplo, que ellos comienzan declarando la Verdad cuando usan la afirmación anterior, pero antes de que hayan pasado muchas horas, si se analizan conscientemente, hallarán que en sus sentimientos hay trazas de duda o temor. Estos dos sentimientos, naturalmente, neutralizan en gran parte la fuerza constructiva que traería de inmediato el deseo o la demanda.

Cuando el estudiante pueda darse cuenta de que todo buen deseo es Dios en Acción impulsando Su energía hacia el pleno cumplimiento, y que se autosostiene, comprenderá el amor sin límites, el poder y la inteligencia que posee, con los que podrá lograr cualquier propósito.

Con esta simple comprensión, la palabra fracaso sería completamente borrada de su mundo y, en poco tiempo, de su conciencia, puesto que vería que está manejando una inteligencia y un poder que no pueden fracasar. De este modo, estudiantes e individuos entrarían en su pleno dominio de acuerdo con la intención de Dios.

Jamás ha sido el propósito de nuestro gran Padre, todo Amor y Sabiduría, que a ninguno de sus hijos le falte nada, porque ellos permiten que se les fije la atención en la apariencia exterior, la cual es como la cambiante arena del desierto. De modo que, consciente o inconscientemente, ellos se separan de la Gran Inteligencia y Opulencia.

Esta gran opulencia es la herencia de la que todo el mundo puede disponer, siempre que se vuelvan de nuevo hacia el «YO SOY», el Principio Activo de Dios, eternamente dentro de nosotros mismos, como hacia la única fuente de vida activa, inteligencia y opulencia.

A través de todas las edades han existido ciertas normas de conducta, necesarias para el estudiante que desee alcanzar ciertos logros. Se trata de la conservación y gobierno de la fuerza vital a través del sexo.

Para el individuo que ha estado usando esta energía sin pensar en gobernarla, el hecho de decir «Voy a dejar esto», sin la comprensión de la actitud correcta de conciencia, no sería más que suprimir simplemente un flujo de energía, que él ha provocado que fluya en dirección diferente.

La siguiente afirmación es lo más eficaz de todo lo que se le pudiera dar al estudiante que desee gobernarse, si la usa con comprensión. Es la Magna afirmación de Jesús: «YO SOY la Resurrección y la Vida». Esta afirmación no sólo purifica el pensamiento sino que es la fuerza elevadora y ajustadora más poderosa que se puede usar para la corrección de lo que es la más grande de las barreras a la altura del logro espiritual. Aquel que empiece a sentir el impulso interior de corregir esta condición, y que use la afirmación continua y firmemente, elevará esta maravillosa corriente de energía hacia el punto más alto del cerebro, como fue originalmente proyectado. El individuo sentirá su mente inundada con las más maravillosas ideas, con abundante poder sostenedor, y con habilidad que sale a la expresión y uso para bendecir a toda la humanidad.

Pido a cualquier estudiante que observe y ensaye los resultados en su mente y su cuerpo. Que sienta profundamente la palabra de Jesús: *YO SOY la Resurrección y la Vida*, repitiendo tres veces en silencio o en voz alta, y observe la elevación de consciencia que va a experimentar. Algunos habrá que necesitarán varias repeticiones para sentir la elevación sorprendente que otros notarán a la primera. Esto demuestra de manera sencilla lo que se puede lograr con su uso continuo.

Sólo hay un modo de librarse de algo negativo, y es que una vez sepas el error que tienes que superar, quítale tu atención exterior por completo, fijándola firmemente en la mencionada afirmación.

Cualquier condición de la experiencia externa que se desee superar, se puede lograr con el uso de esta afirmación, así como también para cambiar el flujo de la energía mal dirigida. Tuve un estudiante que sintió el impulso de redirigir esta gran energía, y con el uso de esta única energía logró ascender su cuerpo. En un año se operó en toda su apariencia externa una transformación maravillosa. Es increíble que de todas las afirmaciones que provienen de Jesús, y que no es sino una parte de lo que Él nos enseñó, tan pocos humanos reciban el tremendo impacto de esas maravillosas palabras de sabiduría.

En toda la historia del mundo nunca han sido dadas tan grandes afirmaciones como las que Él enseñó; cada una de las cuales, usada de modo consciente, contiene la radiación que a Él le acompañaba. De modo que no sólo tenéis este poder del «YO SOY», sino Su asistencia individual cuando usáis Sus afirmaciones. Siempre se debe contemplar el verdadero significado de estas grandes afirmaciones del Maestro Jesús.

Cuando logras comprender que el pensamiento, sentimiento y expresión tuya del «YO SOY» ponen en acción el Poder de Dios sin límite alguno, entonces recibes lo que deseas. No debe ser ningún poblema para el estudiante ver y comprender que la apariencia externa no es sino la distorsionada creación del hombre, el cual está creyendo que en el exterior hay una fuente de poder aparte, cuando un momento de reflexión le hará realizar que no existe sino un solo amor, una sola inteligencia y un solo poder que puedan actuar, y que eso es Dios.

Los defectos humanos o las discrepancias externas no tienen nada que ver con la Perfección Omnipresente de Dios, ya que todo lo imperfecto es sólo creación del concepto exterior humano. Si el hombre se volviera hacia su Yo Superior sabiendo que Éste es Dios, todo Perfección, y que la apariencia externa no es sino una creación humana, por el mal uso de su poder Divino; si medita sinceramente y acepta la Perfección de Dios, verá enseguida que en su vida y experiencia se manifiesta la misma perfección.

No hay otra forma de traer esta perfección a tu mente, cuerpo y experiencia, sino por medio de la aceptación de la Gran Presencia de Dios en ti. Este reconocimiento pleno hará que el poder interior proyecte dicha perfección de Dios a tu experiencia visible.

Diles a los estudiantes que te estoy enseñando como mensajero de la Verdad afirmaciones de la Verdad que te producirán resultados positivos si las usas y las mantienes sin titubeos. Los Metafísicos saben que la Verdad no les funciona porque hoy hacen las afirmaciones y las olvidan la próxima semana.

El deseo de Luz y Verdad es la Presencia de Dios en el deseo, proyectándose hacia la acción. Para lograr iluminación usa esta frase: «YO SOY la plena comprensión e iluminación de esta cosa que quiero saber y comprender».

El día que se te abran los ojos y veas algunos de estos maravillosos seres Ascendidos, el gozo te durará toda la Eternidad. Si no aceptas la Verdad de que tienes la habilidad para lograr esto, jamás lo conseguirás.

En el instante en que expresas «YO SOY la Resurrección y la Vida» inmediatamente surge toda la energía de tu ser hacia el centro de tu cerebro, que es la fuente del ser individualizado. Jamás podré ponderar demasiado el poder de esta afirmación. No hay límites para lo que puedes hacer con ella. Fue precisamente la que usó Jesús en sus más grandes pruebas.

Has de saber que cuando decretas algo constructivo, es Dios quien te está impulsando a actuar. Es muy tonto preguntar: «¿Tú has comprobado esto en tu propia experiencia?» porque cada individuo tiene que comprobarlo por sí mismo, o no le significará nada hasta que haga la prueba.

El sentimiento lleva consigo cierta visión coexistente. Uno, a menudo, siente la cosa con tal claridad que verdaderamente la ve desde la posición externa.

A medida que entran en el estado elevado, se manifiestan simultáneamente el pensamiento, el sentimiento, la visión y el color.

El sonido armonioso es tranquilo. Es por eso que la música más melodiosa es aquietante en sus efectos, mientras que la ruidosa es lo enteramente opuesto.

Capítulo III

Hoy os proyecto desde la Gran Cintura Electrónica; desde el corazón de la ciudad de Oro se proyectan los Rayos Gemelos sobre los cuales están la palabra, la luz y el sonido.

Debéis saber que encima de los principales desiertos se encuentran ciudades etéricas. Más arriba del desierto de Arizona existe la ciudad etérica de Juan, el Amado Discípulo. Existe otra sobre el desierto del Sáhara, otra sobre el de Gobi y una más en Brasil, la ciudad etérica de la América del Sur.

El tiempo nos ha alcanzado con rapidez y debemos estar más despiertos en relación a los grandes cinturones electrónicos que rodean toda la creación, desde la Deidad hasta el individuo.

El cinturón electrónico que rodea la Ciudad de Oro es mucho más impenetrable de lo que pueda serlo un muro de acero de un gran espesor. Así, en un grado menor, el individuo que tiene suficiente comprensión del principio activo de su Ser Divino, puede rodearse de un círculo o cinturón electrónico, al cual puede calificar del modo que quiera, pero ¡ay de quien lo califique destructivamente! Si alguien se atreviera a hacerlo encontraría que este cinturón de fuerza electrónica encerraría su forma exterior y la consumiría; pero aquellos que construyen y califican con sabiduría, con el amor grande de Dios y con el poder constructivo, éstos se encontrarán moviéndose en un mundo aún no tocado por la ignorancia humana.

Llegado es el período cósmico en el que quienes hayan logrado cierto grado de comprensión deben crear, aplicar y usar este maravilloso círculo electrónico. Cada creación, que es acción autoconsciente, tiene este círculo de fuerza electrónica rodeándola naturalmente, pero hasta cierto punto su fuerza está descontrolada y, por lo tanto, disipada.

Al crear de un modo consciente este gran anillo de fuerza electrónica pura, detienes toda la filtración de la esencia ilimitada y la mantienes en reserva para un uso directo y consciente. Tras unos meses de esta actividad creadora y consciente dentro de este círculo electrónico, hay que cuidar de saber dirigir esta fuerza, que no sea en ninguna otra forma que en la del Amor Divino.

En el principio de la individualización del ser humano, éste se encontraba naturalmente rodeado por este círculo mágico; pero a medida que su consciencia iba bajando se producían rasgaduras en el círculo, causando filtraciones, hasta que desapareció. El círculo no fue una creación consciente del hombre; era un círculo natural envolvente por su estado puro de conciencia.

Ahora los estudiantes de la Luz tienen que poner manos a la obra de un modo consciente, y sin vacilaciones crear este círculo electrónico a su alrededor, visualizándolo perfecto, sin fallos en su construcción. De este modo, será posible profundizar en la Cintura Electrónica de la Divinidad y recibir allí Sabiduría, Amor y Luz sin límites, y asimismo aprender la aplicación de leyes sencillas por las cuales todo poder creador es posible. A pesar de que al estudiante se le recomienda siempre, sin que lo olvide, mirar hacia su propio Ser Superior, creador de su individualización, no obstante, no se ha obtenido un solo logro en el cual no se haya dado la asistencia de aquellos más adelantados.

Como sólo hay un Dios, una sola Presencia y Su Actividad Todopoderosa, resulta que el más adelantado es un poco más del Ser Divino en Acción. En este reconocimiento podrás comprender por qué puedes sentir «YO SOY» aquí y «YO SOY» allá, puesto que no hay sino un solo Ser Divino en todas partes.

Cuando el estudiante comprenda que la Ascendida Hueste de Maestros no es otra cosa que su consciencia más adelantada, entonces sentirá las grandes posibilidades a su alcance, así sea que se dirija a Dios directamente, a uno de los Ascendidos Maestros de Luz o a su propio «YO SOY». En realidad, no hay diferencia porque todos son uno. Pero hasta que no se alcanza este estado de conciencia hay diferencia porque el individuo es casi seguro que sentirá una división del Ser Único, cosa que no es posible sino en la ignorancia de la actividad externa mental.

Cuando el estudiante piensa en esa expresión exterior, debe recordar siempre que es la actividad externa de la INTELIGENCIA ÚNICA, protegiéndose a sí mismo contra la división —en su propia conciencia— de este magno y único poder Divino centrado en él.

De nuevo debo recordar que este Gran Poder Ilimitado de Dios no puede introducirse en tu uso exterior sino por virtud de tu propia invitación. Sólo hay una clase de invitación que pueda hacer que fluya, y es tu sentimiento profundo de amor y devoción.

Cuando se ha generado el Círculo Electrónico en torno a uno mismo, no hay otro poder que lo pueda penetrar sino el Amor Divino. Y en cuanto a penetrar en el Radiante, Candente Círculo de la Deidad, es sólo Tu Conciencia de Amor Divino lo que puede penetrarlo, y a través del cual la Deidad retorna su Gran Derrame, que te llega a través de Mensajeros tan Trascendentes que sobrepasan en tal forma tu concepto actual que no es posible transmitirte en palabras la Majestad del Amor, Sabiduría y Poder de estos Grandes Seres.

Recuerda que el estudiante que «ose y calle» se encontrará elevado a la radiante trascendencia de esta ESFERA INTERNA. Y será por medio de su visión y experiencia que logrará comprenderlo. El Alma que posee suficiente fuerza para armarse con su armadura de Amor Divino y avanzar, no encontrará obstrucción alguna, pues no hay nada entre su presente conciencia y esa Esfera de Magna Trascendencia Interna que obstruya el acercamiento del Amor Divino.

Cuando hayas mirado y tocado dentro de este Círculo Interno, comprenderás cuán imperfecta es la presente expresión del Amor Divino. Una vez se hace conciencia de estas Grandes Esferas, a las cuales se puede acceder, se encuentra sin temor alcanzando profundamente la radiación interna de ese Gran Eje Inteligente del cual han procedido toda Creación y todos los mundos.

Entre vosotros hay almas fuertes y valientes que entenderán esto y que podréis usar para gran bendición propia y de los demás. Otros también comprenderán que la Presencia que late en cada corazón es Dios, que la esencia que surge para vitalizar la forma exterior es Dios en Acción, que la actividad que hace circular la sangre por todo el cuerpo es Dios. Entonces, amado estudiante, pon atención a lo siguiente: ¿No ves qué gran error es hundirse en la ignorancia del ser exterior y sentir dolor, molestias o perturbaciones, todo creado por la ignorancia y actividad de ese ser, cuando unos instantes de meditación te harán ver que no puede haber sino una Presencia, una Inteligencia, un Poder que es Dios actuando en la mente y en el cuerpo?

¿Ves ahora cuán sencilla, aunque poderosa, es esta Conciencia en tu interior, que puede soltar el pleno reconocimiento de la Grande y Pura Actividad de Dios a la mente y el cuerpo, y que permite que la maravillosa y trascendente Esencia llene cada célula hasta derramarse?

Creo que no puedes menos que captar la sencillez de tu propio Ser Interno actuando en ti mismo. Vuélvete constantemente hacia Él. Ámalo, alábalo, ordénale que surja en cada célula del cuerpo, en cada necesidad de la actividad exterior, en el hogar, en el negocio, etcétera. Cuando tu deseo se proyecte revestido en la Presencia, Poder e Inteligencia de Dios, no puede fallar. Tiene que atraer lo que necesitas o deseas, ya que el deseo sólo es una actividad menor que un decreto, y el decreto es el reconocimiento del deseo cumplido. Puedo asegurarte que jamás debes tener ningún temor en cuanto al uso de este gran Poder.

Sabes bien que si lo usas mal generarás inarmonía. Si lo usas de modo constructivo, te traerá tales bendiciones que no podrás vivir más que alabando y dando gracias. Este Poder está esperando tu dirección consciente.

La persona que dijo un día bíblico: «¿Quién de vosotros puede añadir con el pensamiento unos centímetros a la estatura?», constriñó la actividad y el progreso individual, ya que el pensamiento y el sentimiento son el Poder Creador de Dios en Acción.

El uso sin control del pensamiento y el sentimiento han traído toda clase de discordias, enfermedades y molestias. No obstante, pocos son los que creen esto, y continúan creando caos en sus mundos con sus pensamientos y deseos desordenados, cuando podrían, tan fácilmente como respirar, volver a usar su pensamiento constructivo, y con el motivo del Amor construirse un paraíso perfecto en un período de dos años.

Hasta la Ciencia ha comprobado que la forma exterior y el cuerpo interno se renuevan por completo en pocos meses; de tal manera que por medio de la aplicación de las leyes verdaderas del Ser, ¡cuán fácil es causar la perfección del cuerpo exterior entero, para que cada órgano recobre su actividad normal y perfecta en poco tiempo! Sería imposible que la inarmonía entrara en el pensamiento o en el cuerpo. Ésta es la puerta abierta de Dios ante ti que nadie puede cerrar sino tú; que nadie puede obstruir ni interferir. Usa con valentía tu dominio y poder Divino y sé libre.

Puedes mantener esta perfecta libertad por medio del conocimiento consciente y aplicado. Voy a confiarte un secreto que si fuera comprendido por alguien iracundo o discordante lo arrancaría de esa actividad destructiva, aunque no fuera más que por un motivo puramente egoísta. La persona iracunda, crítica, que envía pensamientos y palabras destructivas hacia otra, recibe de vuelta la cualidad negativa con que ha cargado sus sentimientos, palabras y pensamientos. En cambio, la otra, si está estabilizada en su poder Divino, recibe la energía que le haga falta, calificándola. Así, el creador de discordias a través de su ira y condenación se está destruyendo a sí mismo y a su mundo y asuntos.

He aquí un punto vital que han de comprender los estudiantes. Cuando alguien, inconscientemente, busca alcanzar el Círculo Electrónico Interior de Dios, hace de su expresión y actividad exterior un incesante flujo de la Esencia pura que le viene de la Divinidad. Esto, en sí mismo, es uno de los más grandes servicios, conocido por pocos seres que son conscientes de lo que significa para la humanidad.

Quien esté tratando de alcanzar el interior del Círculo electrónico llega a ser un manantial continuo; y la radiación es una bendición para la raza humana.

Así, centuria tras centuria, ha habido los altruistas mensajeros de Dios a través de los cuales es derramada, para bendición de los que no comprenden, la Presencia Elevadora de esa energía que fluye. Cuando se encuentran alguien que pueda ser un canal para esta gran presencia acumulada, semeja los primeros goterones de una filtración en una represa.

A medida que la conciencia se mantiene firme, y a medida que se agranda la brecha en la represa, se escapa un mayor volumen de agua y, al final, queda eliminada toda obstrucción y se proyecta íntegra la fuerza para ser utilizada.

Al contrario del agua estancada que se desborda, disipándose porque carece de dirección, el Poder Divino, así soltado, va directamente al canal de conciencia más receptivo, y allí se agolpa esperando la oportunidad de manifestarse.

De este modo, el estudiante de la Luz, aparte de su actividad en dispensar la Verdad, se convierte, por así decirlo, en un pozo artesiano de cuya profundidad fluye esta magna esencia de Dios.

Los estudiantes han de recordar en todo momento que, sin importar los errores que hayan cometido, Dios jamás critica ni condena, sino que en cada tropiezo dice dulce y amorosamente: «Levántate, hijo, y empieza de nuevo, continúa ensayando hasta que logres la verdadera victoria y la libertad de tu dominio divino».

Cuando uno es consciente de haber cometido un error, siempre el primer acto debe ser invocar la Ley del Perdón y pedir fuerza y sabiduría para no repetir el error. Dios, todo amor, tiene una paciencia infinita y no importa el número de nuestros errores, pues siempre se puede decir: «Elévate y sube al Padre». Éste es el amor y la libertad en que los Hijos de Dios tienen el privilegio de actuar. Sólo hay un proceso invencible, que evoluciona, y es a través del poder de generar conscientemente el Amor Divino. Siendo el Amor el eje de toda vida, mientras más lo usemos conscientemente, más fácil libraremos el magno Poder de Dios que, como una gran fuerza acumulada, siempre está esperando una apertura para proyectarse por nuestra propia conciencia.

Por primera vez en muchas centurias, los faros o rayos de la Ciudad Dorada, que se halla en el Plano Etérico sobre el desierto de Sáhara, están puestos en operación activa sobre América y toda la Tierra. Puede que haya algunos individuos que puedan ver estos Rayos sin saber lo que significan.

El hombre no puede seguir pensando en continuar generando fuerzas destructivas y seguir sobreviviendo a ellas. Quienes pueden esparcir el conocimiento del Círculo Electrónico, ya no deben ser privados de sus beneficios. Que lo divulguen junto con la alerta.

Usa esta información: «YO SOY la actividad cumplida y el Poder sostenedor de toda cosa constructiva que yo deseee». Úsalo como un decreto general, porque el poder que sostiene está en todo lo que existe. «YO SOY» aquí, y «YO SOY» allí, decretando en todo lo que quieras lograr, es un estupendo decreto para usar la Única Actividad y para elevarse por encima de la conciencia de separación.

Capítulo IV

El FUEGO CREADOR que «YO SOY» es la Llama de Dios. Su Presencia Maestra se encuentra impresa en el corazón de todos los hijos de Dios, si bien en algunos sólo es una chispa. No obstante, si se trata correctamente, esta chispa puede convertirse en un gran Fuego Creador y una Llama Consumidora.

En sus actividades múltiples, esta Magna Presencia es la actividad omnipresente que se puede usar sin limitación, si se puede quitar de la conciencia lo que no es sino apariencia que lo tiene atado a través de infinitos años.

Hoy, el Cetro de Poder y Autoridad está a la vista ante cada estudiante que vaya adelantado. Al principio puede alcanzarlo mentalmente y tomar ese Cetro de Autoridad y usarlo; pero enseguida se dará cuenta de que lo puede usar casi tangible y visiblemente.

No es una vana promesa que los que buscan la luz recibirán este dominio. Cuando cruzamos un bosque sabemos que podemos regresar por el mismo sendero, pero la decisión es nuestra. Asimismo, después de cientos de años buscando poder y autoridad en lo exterior, vemos que mañana habrá desaparecido, como si estuviera sobre aguas pantanosas.

Por la aceptación gozosa de tu dominio Divino puedes pisar firmemente la base segura de la Roca de la Verdad, que es Dios mismo, y de la cual ningún disturbio exterior puede jamás tocarla una vez que lo hayas aprendido mediante tu propia experiencia.

Los estudiantes de la Verdad se preguntan por qué vacilan en su decisión de mantenerse firmemente asidos o anclados en la PRESENCIA DE DIOS, ya que esto representa el dominio que andan buscando. No analizan la forma en que actúan para indagar qué es lo que les causa tal perturbación y duda; pero para quienes aprovechan la autoridad que les pertenece e investigan profundamente en sus propias causas, les será muy fácil separar la cizaña de los granos de oro y sentirse pronto libres de la perturbación que les hace dudar de sí mismos, y hasta de la PRESENCIA DE DIOS que late en sus corazones.

Cuando los estudiantes tengan consigo y con Dios la PRESENCIA «YO SOY», la suficiente honradez para arrancar todo lo que esté produciendo ese disturbio interior, sentirán esa MAGNA LUZ, irradiación del Gran Ser Divino, y hallarán que con poco esfuerzo pueden lograr que la Gran Presencia «YO SOY» en amor e inteligencia se convierte en Poder, Fuerza y Seguridad automantenida; de modo que los mantendrá fuertemente asidos a esa Roca de la Verdad que es una de estas Grandes Joyas del Reino de Dios; y esta Luz deslumbradora los envolverá a la más leve invitación.

¡Oh estudiante de hoy! Mantente asido a esta Magna Presencia que late en tu corazón, cuya vida fluye a través de tus venas, cuya energía se derrama en tu mente. Tú tienes libre albedrío y puedes calificarla y bendecirla para que te perfeccione, o te haga imperfecto. Recuerda que por no invocar esta Magna Presencia has creado inarmonías y desórdenes. Tienes que darte el tiempo suficiente para lograr el pleno reconocimiento a este gran poder y entregarle toda la actividad de tu vida.

No te impacientes porque las cosas no se compongan tan deprisa como a ti te gustaría. Éstas funcionan de acuerdo con la velocidad de tu aceptación y la intensidad de tus sentimientos.

Esta gran energía que surge de tu cuerpo y mente es la pura energía electrónica de Dios, la Gran Presencia «YO SOY». Si tus pensamientos son mantenidos gozosamente en tu ser divino, como origen de tu ser y tu vida, esa energía pura electrónica actuará sin cesar, e incontaminada, por calificación discordante humana.

Pero si permites, consciente o no, que tu pensamiento empiece a infestarse con la discordia que a menudo lo rodea, tú le cambias el color y la calidad de esa energía pura y radiante.

Ella está obligada a actuar, y tú eres quien dicta cómo ha de comportarse hacia ti. No creas jamás que puedes escapar de este hecho sencillo. Es una ley inmutable y ningún ser humano puede cambiarla. Los estudiantes tienen que comprender y mantener esta actitud si desean progresar constantemente.

Amados míos, por más que dudéis, temáis y os rebeléis ante la autocorrupción, ésta es la puerta abierta a la gran iluminación y libertad de toda la limitación humana exterior.

Hay muchos estudiantes que, cuando llegan a un cierto grado de comprensión, les son revelados los resultados de sus actividades purificadoras, y enfrentándose a los muchos errores cometidos, que hay que corregir, se desconsuelan criticándose y condenándose a sí mismos y a Dios. Éste es otro gran error.

Todo lo que les es revelado para ser corregido, debe alegrarles en gran modo, puesto que es una oportunidad para adelantar corrigiendo errores que antes estaban ocultos. Admitiendo que Dios es el poder de pensar, saben que tienen dentro el poder de corregirse y deben poner manos a la obra.

La vida de Dios que les late en el pecho es suficiente prueba de que poseen la Inteligencia y el Poder de Dios con que disolver y consumir todos los errores y creaciones discordantes que han fabricado en su entorno, conscientemente o no, y pueden decirles a estas creaciones no deseadas: *YO SOY la Magna Llama consumidora que ahora y para siempre disuelve todo error pasado y presente, su causa y su núcleo y toda creación indeseable, por lo cual mi ser externo sea responsable.*

Es extraño, pero parece que los estudiantes tienen dificultades para anclarse en el reconocimiento del poder sin límite que manejan cuando pronuncian «YO SOY», cuando hasta el intelecto, que sólo es la actividad externa, sabe esto. Los estudiantes deben intensificarlo con todo su empeño, sintiendo intensamente la verdad de ello, y entonces hallarán gran rapidez y poder adicional al usarlo. Amado estudiante, ha llegado el momento de que puedas usar este poder con gran autoridad para desligarte de las cadenas de limitación que te han aprisionado durante tanto tiempo.

Ponte a ordenar tu casa con determinación. Si fueras a albergar un huésped distinguido, no dudo que pasarías días trabajando con ahínco, puliendo y preparando todo para recibirlo. ¡Cuánto más importante es preparar para este gran principio de amor y paz, el principio del Fuego Consumidor que habita dentro de ti y controla el elemento Fuego!

Cuando uno piensa en Oromasis, príncipe del elemento Fuego, está pensando en la llama del fuego creado e invocando su ayuda en el avivamiento de este poder creador, lo cual trae inimaginables resultados.

Cuando hablas en el Nombre, Poder y Autoridad del Gran «YO SOY», estás desprendiendo energías sin límite para que se cumplan tus deseos. ¿Por qué, pues, seguir permitiendo que la duda y el temor te acose cuando «YO SOY» es la puerta abierta de la opulencia de Dios, esperando para derramarse en salud, bendiciones y prosperidad? Atrévete a ser, a sentir y a utilizar esta Magna Autoridad. Dios en cada uno.

Amado estudiante, ¿no te das cuenta de que puedes manifestar la perfección en unos minutos o en pocas horas, tomando la determinación de afirmar con suficiente intensidad: *YO SOY la inmensa Energía Electrónica que fluye, renueva, llena cada célula de Mi Mente y Mi Cuerpo, ahora, en este mismo instante*? ¿No ves que a pocos minutos u horas puedes disipar cualquier disturbio de mente o de cuerpo y permitir que esa pura Magna Energía haga su labor sin influencia, sin ser afectada o colorida por elemento alguno de tu propio pensamiento? Si puedes renovar un nervio, un órgano, construir cualquier miembro de tu cuerpo a su original perfección, casi inmediatamente ¿por qué no sentirlo y utilizarlo? A medida que experimentes los admirables y asombrosos resultados, tu fe y tu confianza efectuarán su perfecta actividad y tu mente adquirirá toda la confianza necesaria en esta gran Presencia y Poder y su uso Omnipresente e ilimitado.

Las Huestes de Ángeles se alegran del regreso del viajero que tanto tiempo ha buscado autoridad en el exterior, no habiendo encontrado sino tusas. Después que la energía ha sido gastada, vuelve a casa y ahí encuentra la fuente que lo reconstruye de todas las discrepancias, incluso la llamada «vejez». Entonces puedes mostrarte renovado en la plenitud de juventud y poder, porque así es el sendero de la vida de Dios.

Hace que se mantenga una maravillosa acción vibratoria expresando cuándo cada uno habla suavemente. ¡Si pudieras ver la acción interior disipando toda discordia!

Al principio, si no sientes pasar a través de ti ninguna fuerza electrónica, no creas que no has recibido esta gran energía, ya que tú le has ordenado con la autoridad de Dios «YO SOY», a que fluya por tu mente y tu cuerpo.

Lo mismo se puede hacer por los negocios o asuntos que no estén manifestando todo el orden y armonía que se desee. Puedes ponerte de pie (porque esto te hace sentir la autoridad) e invocar a tu gran presencia «YO SOY» y enviarla al mundo de tus negocios. Ordénale que se consuma todo lo que no sea igual a ella misma y que lo reemplace con la perfección de Dios que «YO SOY». Ordénale que se mantenga a sí misma, que manifieste su autoridad incesante y que limpie tu mundo de toda cosa discordante. Y terminas declarando: *YO SOY la Suprema Autoridad, Dios en Acción.*

No es necesario ponerse tenso ni tampoco permitir que el cuerpo se ponga tenso, sólo debemos subir en la supremacía y dignidad de nuestra autoridad divina y limpiar todo lo que necesite ser limpio. Al hacer esto, no es necesario hablar muy alto, sino en voz baja, pero con tono de Maestría.

Ponte de pie en tu cuarto y declara: *YO SOY dueño de mi propio mundo, YO SOY la victoriosa Inteligencia que lo gobierna. Ordeno a esta Gran Radiante e Inteligente Energía de Dios que entre en Mi mundo, le ordeno que me traiga la Opulencia de Dios, hecha visible a Mis manos y para Mi Uso. Le ordeno que cree toda la perfección. YO no SOY ya el niño en Cristo sino la Presencia Maestra que ha alcanzado su plena elevación. Hablo y ordeno con autoridad.*

Se pueden disolver los errores cometidos y recrear de inmediato la perfección que se desea. Saber que es autosostenida, siempre que no se mezcle con otras actividades destructivas del pensamiento y el sentimiento.

Deseo mucho que sientas que eres la única autoridad

en tu mundo. No temas jamás que por perfeccionar tu mundo vas a desfigurar el mundo de otro o de otros mientras no tengas intención de dañar a alguien. Tampoco importa lo que digan los demás, o cuanto intenten interrumpirte con sus dudas, temores y limitaciones. Tú eres la suprema autoridad en tu mundo y todo lo que tienes que hacer es decir cuando te acosen estas condiciones: *YO SOY el Gran Círculo Mágico de protección a mi alrededor, que es invencible, que rechaza todo elemento discordante que intenta molestarme. YO SOY la Perfección de Mi Mundo y ésta es autosostenida.*

¡Oh amado! Ya no es necesario vacilar, inquirir y preguntar acerca de que «YO SOY la autoridad». Anda, atrévete, usa esta autoridad de Dios que se expresa en el «YO SOY» de todo cuanto existe. Porque tú has estado deseando la Presencia de los grandes Seres Ascendidos. Pues decreta: *YO SOY la Presencia visible de los llamados Ascendidos Maestros que deseo ver aparecer aquí ante mí y cuya asistencia invoco.*

Ha llegado el punto en que puedas descargar toda discordia de tu mente. Llénala con esta esencia electrónica pura y ninguna discordia podrá entrar mientras te mantengas llena con esta Presencia. Te repito que tú eres la autoridad en tu mundo y si tu pensamiento está lleno de esta Esencia, no puede tocarlo siquiera ninguna discordia. Vamos a tomar esta autoridad y declaremos sin vacilación alguna: *YO SOY la supremacía del hombre. A donde quiera que me dirija, YO SOY Dios en acción.*

Capítulo V

La gran necesidad de hoy en día es la sanación de las naciones y los individuos. Del mismo modo que se ayuda al individuo derramando sobre él energía electrónica a través de su mente y de su cuerpo y por medio de su «YO SOY», llenando cada célula, así mismo en un grado de mayor expansión se puede tratar a una nación, que no es otra cosa que un gran cuerpo de individuos y de creaciones de la naturaleza. Tenemos el poder para hacer esto, siendo como somos la presencia de Dios Individualizado. Sabemos, pues, que «YO SOY» está presente en todas partes, y cuando la conciencia se apodere de esta expansión, la energía actuará en todas partes, igual en las células del cuerpo mundial como en las individuales. Hemos de darnos cuenta de que la Presencia Activa de Dios Todopoderoso está en todas partes, que no existe la más pequeña porción en que esté ausente, que esta presencia activa une a toda la creación humana y consume al instante todo lo inarmónico o indeseado, y que lo único que la detiene es el libre albedrío individual a través de su ignorancia y su propia creencia.

A través del «YO SOY» la Divina Sabiduría actúa rechazando todo lo que no debe entrar en el sistema. La Omnipresente Sabiduría, a través de nuestra acción consciente, nos insinúa siempre no aceptar nada de lo que en nuestros pensamientos, sentimientos o alimentos pudiera perturbar nuestra armoniosa actividad.

Las corrientes de energía cósmica pura están fluyendo por todas partes como los rayos de un faro. Nuestras actividades exteriores siempre han de ser receptivas a estas corrientes de vida que son energía cósmica pura y que están fluyendo en la atmósfera de la Tierra.

Cierto es que donde las condiciones son demasiado densas para que esta energía las penetre, las rodea y sigue su camino. Desde el año 1932, cada individuo camina dentro de grandes corrientes sanadoras. Por el poder de Ciclopea (Vista), la estrella secreta del amor, y los rayos procedentes de la Ciudad Dorada, las grandes corrientes sanadoras son dirigidas de modo consciente a través de la atmósfera de la Tierra. Éstas son la Energía de Dios en Acción que es naturalmente autosostenida. La conciencia individual de esta Presencia te permitirá contactar estos rayos en cualquier momento.

A los estudiantes que posean un sentido de patriotismo y que deseen ayudar a su país, estas corrientes sanadoras llegan no sólo a individuos sino a condiciones, ambientes y lugares oficiales, como una llama inteligente y que actualmente están llevando a cabo una labor de protección y elevación para los hijos de la Tierra, como nunca antes, desde la creación del planeta; y que, cuanto mayor sea el número de personas que se den cuenta de esta operación, mejores serán en el papel de mensajeros y asistentes en este extraordinario trabajo.

Hay una influencia siniestra con la que nos enfrentamos en la actividad cotidiana; es una fuerza mental que respalda las guerras y se manifiesta conscientemente. Los que deseen trabajar para deshacer esta situación deben meditar lo siguiente hasta que capten el pleno significado: deben saber que si dirigen esta energía electrónica a través de la Tierra, irá directamente y sin interrupción al sitio indicado y verán actuar la energía en forma insospechada.

Muchos individuos bondadosos y dedicados se dan cuenta de pronto de que tienen que abandonar ciertos alimentos y varias actividades, lo que les produce un trauma. Pero la Divina Inteligencia que mora en el interior de dichos individuos les hará que dejen con naturalidad las cosas que no estén de acuerdo con la Gran Presencia, a cada momento que sea necesario. Para que una persona se abstenga de algo conscientemente, tiene que sentir algo más fuerte que merezca fijarse en ello. A medida que los estudiantes se hacen conscientes de esto, les entra la fuerza y la confianza para dar el paso.

Quienes vienen a tu casa merecen la protección divina que a ti te gusta darles. Sugiero que una vez al día cargues la atmósfera de tu casa con pura energía electrónica, es decir, con la Presencia de Dios, para que no entren en tu casa comida ni presencia indeseables. Envuelve a tus visitas en el manto electrónico de la Presencia «YO SOY», pero no fuerces estas cosas en personas que no las pidan.

Cuando dices «YO SOY» reconoces el poder que destruye toda barrera y oposición. El ser humano es igual que un león hambriento en la selva. Destruiría cualquier cosa por obtener comida. La conciencia rompería en pedazos a su mejor amigo para conseguir su propósito.

En todo elemento astral se encuentra el componente del deseo humano. A menos que la mente se cierre por completo al mundo astral, uno se hallará constantemente interrumpido en toda buena decisión, porque se habrá dejado la puerta abierta a una fuerza mucho más sutil que cualquier otra que haya en el mundo físico. *Dicen que hay fuerzas buenas en el mundo astral. Yo digo que ninguna fuerza que provenga del mundo astral es buena.*

Veamos, ¿qué forma el mundo astral? Sólo hay un lugar donde se pueda albergar una creación humana indeseable, y éste es el próximo escalón de actividad humana, el REINO ASTRAL. Este plano de actividad astral contiene todas las formas indeseables acumuladas a través de los siglos. De modo que es fácil entender que nada bueno puede salir de algún contacto con el plano astral. *No contiene absolutamente nada del Cristo.*

Algunos confunden la «Estrella Astral» con la «Estrella Astrea». Éste es un ser cósmico de la Cuarta Esfera, y cuyo trabajo consiste en consumir todo lo más posible de lo que pertenezca al Reino Astral, como también llamar la atención de los individuos atraídos al Plano Astral. Este gran Ser, al fin y al cabo, aclara la comprensión de estos individuos y disuelve sus deseos de mantener algún contacto con ese reino infeliz. No hay niños en el Plano Astral. El lugar de los niños que dejan la Tierra es el Plano Etérico. La gente encarnada, cuando duerme, se encuentra en la misma esfera que los desencarnados.

La Presencia «YO SOY» posee una conciencia automantenedora de tal magnitud que si uno sale con ella al dormirse se pueden alcanzar alturas increíbles. Si eres consciente de tu «YO SOY» en tu conciencia exterior, y te llevas esta conciencia cuando penetras en otros planos, resulta una presencia sostenedora increíble.

Hay un momento en la experiencia de la vida en la que tenemos necesidad del uso y reconocimiento consciente de la frase: *YO SOY la Presencia de Dios en Acción.* Cuando seas consciente de esto y lo lleves voluntariamente a través del velo del sueño, tu alma fuera del cuerpo actuará con poderes ilimitados.

Suponiendo que en el estado de vigilia tengas necesidad de algo, antes de dormirte puedes expresar lo siguiente: *A través del Magno Poder e Inteligencia que YO SOY, mientras mi cuerpo duerme, hago el contacto necesario que me cumplirá abundantemente este requerimiento, no importa cuál.*

Esta actividad automantenida no puede fallar y es una forma grandiosa de poner en movimiento la Presencia «YO SOY», ya que cualquier cosa que el «YO SOY» ordene mientras el cuerpo duerme tiene que ser ejecutado. Conocí un caso en que había necesidad de protección. Quien la usó tenía cierta conciencia de la Presencia. El individuo cayó por un barranco, pero la Presencia «YO SOY» al instante construyó una forma que atrapó al individuo y lo puso a salvo antes de que la caída continuara.

Cuando se tiene conciencia espiritual y se va a cualquier ambiente donde exista peligro, debe hacerse un tratamiento rápido para la propia protección, ya que mientras uno no haya ascendido, el cuerpo tiene tendencia a contactar con el pensamiento exterior de la humanidad. Si el estudiante sube una montaña, debe hacer un trabajo protector, consistente en afirmaciones de protección. Si mantiene de forma constante esa labor protectora puede evitar la destrucción de terceros. Por ejemplo: *Dios es el Poder Omnipotente protegiendo y dirigiendo este avión (barco, tren, etcétera) de manera que se mueva en una zona absolutamente segura.*

En el camino tienes que estar en acción consciente siempre. Habrá quienes piensen que esto significa temor, pero no es así; por el contrario, se trata del reconocimiento del Poder Protector Omnipresente.

Dios lo ve todo y lo conoce todo. Mira hacia delante y evita contactos no deseados. Cuando digas: *Dios está conduciendo este vehículo*, la vista divina va delante mirando ante sí y vendrá el impulso de salir a vías libres de interrupciones de tráfico. Nuestro paso no se verá obstruido porque es Dios quien conduce el vehículo.

Hay dos motivos que causan accidentes en los estudiantes. El primero, por enfadarse, dejando abierta su aura y la puerta astral. El segundo, porque se olvidan de hacer el trabajo protector. Cada vez que hacemos algo con actitud positiva y dinámica, el exterior va adquiriendo más confianza, más fe y no puede haber fallo.

Otra forma de protegerse es proyectar el cinturón electrónico alrededor de uno o de terceros, diciendo: *YO SOY el cinturón o el anillo o el círculo protector a mi alrededor* (o de quien sea). Ese cinturón electrónico se forma al instante y es impenetrable e invulnerable a toda cosa negativa. Cuando dices «YO SOY», lo que quiera que ordenes es instantáneamente cumplido. No puedes usar la Presencia «YO SOY» sin que logres actividad instantánea.

Repite a menudo: *YO SOY la Inteligencia protectora omnipresente y omnipotente que gobierno esta mente y este cuerpo*. Esto se cumple al instante y en acción porque has dicho «YO SOY». El «YO SOY» que está en todas partes presente está en ese punto haciendo el trabajo. Ésta es la forma cómo pones en acción la Todopoderosa presencia «YO SOY» por los medios más directos. Ella es TODO EN TODOS. Y cuando tú dices «YO SOY» recuérdale a tu conciencia exterior que has puesto en funcionamiento todos los atributos de la Divinidad: estás ya en un punto en que debes ser actividad instantánea. Cuando dices «YO SOY», en cualquier condición, significa que se está efectuando una acción instantánea por el poder más grande del Universo. En el mismo momento en que eres consciente de que el «YO SOY» es la plena actividad de Dios, y que contiene todos los atributos de Dios, entras en pleno uso de ese magno poder.

Repite a menudo: *«YO SOY» la Presencia que produce este hogar maestro*. Cuando pronuncias la frase: *«YO SOY» la ascensión de este cuerpo físico ahora*, has aceptado y entrado en esa acción en el mismo instante. Cuando luchas por adquirir luz en acción ilimitada, te esfuerzas por lograr la cosa más grande del mundo. Llena tu mundo con la presencia «YO SOY» y al hacerlo, siente que lo estás haciendo conscientemente.

Si dices en conciencia *YO SOY la perfecta actividad de cada órgano y célula de mi cuerpo*, tiene que manifestarse. Sólo has de ser consciente de ello y se hará. Usa a menudo *YO SOY la perfecta salud manifestada ahora en cada órgano de mi cuerpo*. Pon tu confianza en tu «YO SOY», en vez de ponerla en una medicina exterior. No puedes decir, por ejemplo: *YO SOY la perfecta actividad inteligente en este cuerpo* y al mismo tiempo estar pensando que vas a tener que tomar una medicina.

Para limpiar la mente di: *YO SOY la Inteligencia perfecta activa en este cerebro*. Para los ojos y los oídos di: *YO SOY la perfecta visión a través de estos ojos*; *YO SOY la perfecta audición a través de estos oídos.*

Haz estos tratamientos con empeño y no fallarás. Tienes las riendas; empúñalas y evita toda palabra que recuerde la condición limitada anterior. Cuando seas plenamente consciente del «YO SOY», no te importe lo que haga nadie en este mundo; y no debe preocuparte ninguna otra cosa que tu propio mundo, ya que has realizado que el «YO SOY» está en todo.

Para cuadrar el círculo usa la actividad «YO SOY». No hagas caso de lo que diga la gente. Sólo di, específicamente, lo que quieras producir. Repite constantemente: *YO SOY la Única Presencia actuando en esto, YO SOY la Única Presencia actuando en mi mundo.*

Para encontrar cosas perdidas: *YO SOY la Inteligencia y el ojo avizor que todo lo encuentra.* Te asombrará la sensación que te crecerá por dentro cuando no tengas que mirar a ninguna otra cosa que no sea a tu amado y magno «YO SOY».

Borra todo de tu mente menos la operación consciente de «YO SOY», pues es el más alto poder. Verás cómo todos estos aparentes milagros se producen con facilidad.

Suponiendo que quieras iluminar una habitación, di: *YO SOY la iluminación de este cuarto.* Entonces actúa sobre los electrones del cuarto, ya que iluminar la atmósfera de un cuarto es tan fácil como levantar la mano. Tu capacidad para iluminar un cuarto es tan adecuada como lograrlo mediante una lámpara eléctrica. Puedes conducir con tanta facilidad la corriente eléctrica universal a través de ti, como la electricidad corriente es conducida a través de cables. Para hacer visible la iluminación que está en tu interior, es decir, para irradiarla de modo visible, di: *YO SOY ahora la iluminación visible a través de este cuerpo.* En tu interior hay un punto focal.

El «YO SOY» que está en ti creó todo el Universo. Cuando entres en la confianza de tu «YO SOY», Él borrará toda obstrucción. *YO SOY el Poder y la Presencia consumidora de todo temor, duda y confusión que pueda haber en mi mente exterior, sobre la invencible actividad del YO SOY.* Sigue este ejercicio y siempre sabrás lo que debes hacer.

La conciencia del individuo encubre la forma con los conceptos pertenecientes a Él y cuando éstos quedan agrupados alrededor del individuo que ha generado cierta energía, no le impone a éste otras condiciones que las de su propio mundo.

Cada vez que te sientas gozoso y lleno de impulso aprovéchalo, úsalo y decreta.

Capítulo VI

Recuérdale constantemente a la conciencia exterior que cuando dices «YO SOY», pensando en el poder infinito de Dios, has puesto en funcionamiento todo ese poder para cumplir con éxito la falta que tienes en conciencia.

Los estudiantes sinceros no deben olvidar esto en ningún momento, hasta que la verdad se radique y actúe de modo automático. Veréis, pues, cuán ridículo es decir: «estoy enfermo, estoy económicamente mal», cuando parezca faltar cualquier cosa.

Te digo que es imposible que estés afectado si te mantienes en la idea anterior. Úsala. Cuando tienes un catarro, no necesitas que te digan que has de usar un pañuelo. Entonces, ¿por qué necesitas que se te recuerde que la actividad exterior sólo tiene un poder que le permite moverse, y que es la presencia «YO SOY» Dios en ti? Lo malo de los estudiantes sinceros es que no meditan bastante sobre esta verdad, para que su Maravillosa Presencia se active.

Por ejemplo, si dices *YO SOY la Majestuosa y Victoriosa Presencia que llena todos los cargos oficiales* te darás cuenta de cuán bendecido serás por ello.

Cuida siempre tus contactos exteriores para que no ignores la apariencia de las cosas, o el temor de quienes se llaman financieros. Dios gobierna tu mundo, tu hogar, tus negocios y eso es todo lo que te concierne.

No creas jamás que dejas que la imaginación se desborde porque sientes la cercanía de la Gran Presencia Individualizada. Alégrate, cree en esa Gran Presencia que mantiene en ti todo lo que puedas desear o usar. No dependas de cosas exteriores. Con esta feliz entrada a este Magno Poder y Presencia que contiene todo, ¿no ves que si todo se acabara, tú siempre estarías provisto? Quiero que sientas, que aceptes con gozo y que conozcas con todo tu ser, que el poder de precipitación no es un mito sino que es real. Los que entren en este sentimiento con suficiente profundidad tendrán la precipitación de todo lo que desean.

Hay niños que son castigados por ver seres angélicos y por manifestar que tienen una perspectiva interior. Quienes deberían ser castigados son sus padres por atreverse a interferir en el don divino de la libertad de los niños. Si los mayores vivieran más en el imaginar consciente y en la aceptación de la Gran Presencia, de cuya existencia duda la humanidad, sentirían esa presencia elevándolos y dándoles su inteligencia.

¡Mi amado!, si de pronto sientes que necesitas fuerza o valor, expresa: *Estoy aquí surgiendo y supliendo instantáneamente.* Si necesitas armonía, de mente o de cuerpo: *Estoy allí supliéndote instantáneamente y no necesitas esperar.*

No le des un pensamiento al mundo o a los individuos que no comprenden estas cosas. Continúa regocijado en la presencia activa, visible, de lo que tú deseas manifestar y ver precipitado en tu vida y tu uso: *YO SOY la Presencia Activa y Visible de lo que yo deseo, ya manifestado.*

Nuestro sentido común ha de decirnos que a menos que nosotros esperemos, aceptemos y gocemos ya lo que deseamos, ¿cómo lo vamos a lograr?

El pobre e insignificante ser exterior se pavonea diciendo: *YO SOY demasiado importante para poner atención a semejantes cuentos de hadas.* Permíteme, pues, informarte que algún día los individuos que así hablan van a ponerse muy contentos con estos cuentos de hadas y llenarán su mente con esas ideas para verlas surgir.

En cada contacto con el mundo exterior de los negocios y cada vez que exista una condición negativa que aparente tocar tu mundo, rápidamente toma una determinación: *YO SOY la Precipitación y la Presencia Visible de cualquier cosa que yo desee y no hay hombre ni cosa que pueda interferir en ello.*

Cuando hablo de precipitación, no sólo me refiero a la apertura de los canales invisibles sino a cualquier canal, ya que todo es precipitación, lo creado y lo increado, y no hay sino una pequeña diferencia de actividad.

Cuando reconozco quien «YO SOY», he entrado en el gran silencio donde está la mayor actividad de Dios. Este reconocimiento debe traer grandes revelaciones al individuo si acepta esto gozosamente.

En tu experiencia exterior, la práctica de cualquier actividad desarrolla mucha más eficacia, ¿no es verdad? Si se puede aplicar esto a una actividad exterior ¿no ves cuán más importante es para una actividad interior? Cuanto más lo uses mayor poder manifestarás. Sabes que puedes llegar ahacerlo con las cosas espirituales, de manera más grande y rápida que con lo exterior, ya que en el espíritu el poder actúa instantáneamente. No hay espera cuando el «YO SOY» actúa.

El hecho de que la musculatura se desarrolla con el ejercicio físico te hace comprender que el mismo esfuerzo por el poder interno tiene que producir naturalmente mejores resultados. Por ejemplo, los hombres creen que han de hacer ejercicios físicos para desarrollar los músculos. Pues yo he hecho muchas veces que mis estudiantes desarrollen un bello y armónico cuerpo con músculos poderosos *sin haber hecho un solo ejercicio físico*. En todo desarrollo, tanto del exterior como del interior, la primera parte del ejercicio es mental. Hemos de saber que sólo hay un poder y energía y que viene de la presencia «YO SOY» en cada uno. Por lo tanto, el ejercicio de tus facultades interiores es llamado mental; pero yo digo que es Dios en acción, porque tú no puedes formar un solo pensamiento sin la inteligencia y la energía de Dios para lograrlo. Por lo tanto, tu actividad mental es la energía de Dios en acción. Verás, pues, cuán fácil y posible es producir un cuerpo físico fuerte y armonioso, sin hacer ejercicios físicos.

La mayoría de los científicos, médicos o profesores de cultura física lo negarán; pero yo os aseguro que sólo es que no han investigado en profundidad respecto a la energía o el poder que está actuando, pues ninguna actividad puede tener lugar sino es por el uso de esta energía y poder interior. La gente duda y teme con respecto a los conocimientos de estas grandes facultades que son libres y para el uso de quien las quiere utilizar en cualquier momento. Lo que ocurre es que se encuentran sumergidas como un corcho mantenido debajo del agua, que, al soltarlo, salta a la superficie. Aseguro que es lamentable que los estudiantes sinceros pasen tantos años esforzándose, ensayando y dejando el uso de estas facultades y, después, porque no las ven operar inmediatamente, caen de nuevo en un estado de inactividad hasta que algo les vuelve a animar, para renacer de nuevo.

El reconocimiento persistente y determinado de esta Presencia «YO SOY», te llevará a lograrlo, a menos que lo abandones.

En este momento veo a un buen número de individuos que con un poco de incentivo y la descripción sencilla de estas prácticas, saltarán a la libertad, especialmente los que reciben la instrucción verbal junto con la radiación que la acompaña.

¿No es un desastre que los hijos e hijas de Dios se sometan a limitaciones cuando con un esfuerzo persistente y definido abrirían la puerta y entrarían en esta gran cámara interior llena de luz, joyas, oro y sustancia de todos los alimentos del universo? Y después, con esta plena verdad frente a ellos, estos individuos vacilan aún por la imposibilidad de creer que pueden dar el paso, tomar el cetro y ser del todo libres.

Amado; de nuevo te digo: canta la gran melodía de la Presencia Conquistadora del «YO SOY». Canta en tu corazón continuamente, siéntela con toda tu habilidad, cógete con fuerza a esa determinación. El conocimiento y el sendero de esa maestría se te abrirá y se te manifestará la libertad eterna. Sencillamente, continúa recordando que ya has traspasado el velo.

Cualquier maestría que se haya adquirido sobre los asuntos de uno y su mundo es, y así debe ser, un retiro sagrado, un santuario interior donde ningún otro individuo inquisidor pueda penetrar. Nadie puede lograr la maestría si pretende encontrarla en otros.

Buscar, encontrar y aplicar la Ley del propio Ser, es el buen camino que conduce hacia la maestría, y únicamente cuando el individuo la ha logrado es cuando puede comprender realmente lo que es la verdadera maestría. No hay sino un dominio a lograr y es el dominio sobre el propio ser exterior.

Puedes estar al lado de un Maestro durante años y no descubrirlo hasta que las propias facultades interiores te lo revelen. Se puede vivir en la misma casa con un Maestro durante años y no saberlo hasta que surge una crisis y el poder real es revelado.

Si un maestro discute o revela sus propios logros sería disipar sus fuerzas y eso no debe hacerse jamás.

Si un estudiante tiene la dicha de una bella experiencia

y luego la comenta con terceros, generalmente surgen tantas dudas en los oyentes que éstas se derraman sobre él, quien pronto empieza a dudar de sí mismo. Es ciertamente cómico ver cuán convincentes son los argumentos ajenos. El estudiante que escucha esos argumentos ajenos debe hacerse justicia a sí mismo, a su Yo Superior y escuchar lo expresado por su experiencia interior.

En el mismo momento en que empieza a entrar la duda, si se le permite la entrada, continuará entrando a raudales. Igual ocurre con el «YO SOY». Si vuelves a Él tu atención, allí se precipita la energía. Amado mío ¿no ves que cuando deseas alguna revelación o inspiración al decir«YO SOY» eso, pones en movimiento el poder con todas sus facultades, con todas las sustancias y que tiene que asumir cualquier forma en que se fije la atención?

El «YO SOY» es la mente insondable de Dios. Al buscar comprensión, el estudiante corriente sólo está contactando la memoria de lo que ha sido, en lugar de ir al Corazón de Dios y extraer aquello que aún no ha sido.

A veces los discípulos no saben apreciar que han existido muchas civilizaciones con vastos logros del todo desconocidos hoy en día. La Atlántida, Lemuria y la Tierra de Mu son sólo fragmentos de otras grandes civilizaciones que han existido.

Para lograr hacer cosas poco comunes, los estudiantes que lo deseen deben tomar la siguiente decisión: *YO SOY el Corazón de Dios y ahora produzco ideas y cometidos que jamás han sido producidos anteriormente.*

Considera que somos lo que deseamos ver producido. La presencia «YO SOY» es, pues, el Corazón de Dios. Si entras en el Gran Silencio en el mismo instante en que se pronuncia «YO SOY», si reconoces ser «YO SOY», entonces lo que sea que declares queda instantáneamente manifestado.

Creer es tener fe en lo que crees que es la Verdad. Hay pues un entretejido entre la creencia y la fe. Al principio es la creencia; si se mantiene se convierte en fe. Si crees que algo es verdad, no lo puedes traer a la manifestación. Si no puedes creer en tus propias palabras cuando pronuncias *YO SOY tal o cual cosa*, ¿cómo puede establecerse y manifestarse el dicho de Shakespeare: «No hay nada bueno ni malo, el pensar lo es así»? Es una verdad absoluta.

Si sabes que la Energía Divina le entra al individuo en un estado de pureza perfecta, entonces tienes que realizar que es el propio individuo quien recalifica a esa energía, imponiéndole su propia impureza. Esta energía le entra al hombre continuamente con el latido del corazón y Él la tiñe con su propia calidad y la proyecta hacia fuera. Éste es su privilegio como Creador, a imagen y semejanza del Padre. Nuestra conciencia individual está siendo proyectada formando ambiente en torno nuestro. Por eso recibe vibraciones de pesar, de tristeza, de alegría, de amor, bondad, etcétera. Y las siente como si fueran propias. Si son buenas no tiene nada de qué preocuparse; pero si son de impaciencia o de tristeza debe decirles que se retiren y ordenar que se trasmuta para no continuar expandiendo esa atmósfera y contagiando a otros.

Cada uno de nosotros tiene color y sonido. Cada actividad nuestra es, pues, de un color y de un arpegio con una frase musical. Si es distorsionada, sale un sonido feo, disonante y de color sucio. A cada persona que lanza una creación afeante se le devuelve la responsabilidad de aquello. Todo contiene inteligencia.

No consideres el elemento tiempo. Cuando afirmes algo que desees manifestar, hazlo con gozo y mantenlo con firmeza hasta que se manifieste. Si mantiene constante la presencia «YO SOY», mientras haces lo que deseas, entrarás en la plenitud y perfección de todo lo que está ya dispuesto para tu uso. Todo logro permanente debe ser el resultado del esfuerzo consciente de cada individuo.

¿Qué es la lástima? Es ponerse de acuerdo con lo imperfecto. No te dejes jamás invadir por la lástima, pero es como si te dejaras arrastrar a las arenas movedizas teniendo alas con qué elevarte a las alturas, por encima de toda cosa destructiva, elevando al mismo tiempo lo que estás atestiguando y que quiere producirte esa lástima. No juzgues; mantente firme en la presencia «YO SOY» y todo manifestará la perfección.

Para cualquier condición imperfecta que veas, especialmente la vejez, di: *YO SOY la perfección de este individuo que tiene apariencia de anciano.* Así habrás puesto a Dios en acción dentro del individuo, ya que Él también pronuncia el «YO SOY», aunque sólo sea despectivamente. En este caso lo has impulsado a usarlo de manera constructiva.

No importa lo que oigas decir o conversar en el mundo exterior; mantente firme. No te dejes afectar, pues estás produciendo perfección y tienes que hacerla manifestar conscientemente.

Si no estás atento, puede que dejes entrar una expresión que te acosará por años si no la borras. Cuando estés usando conscientemente la gran Ley, sabe que el poder activo del pensamiento de Dios conoce perfectamente la dirección hacia donde va y actúa.

De un modo consciente dile a tu «YO SOY» que haga lo que sea necesario. Dile: *YO SOY la Inteligencia que califica esto con lo que sea necesario.* Esto, por supuesto, si te encuentras en el caso de no saber qué hacer en un momento dado. El todo es que vuelvas tu mente al «YO SOY» que te guía y te mantiene.

Tuve un discípulo que calificó de tal forma su círculo electrónico con el poder de sanación, que lo llamaban «la sombra sanadora». En el momento en que uno contactaba con su círculo electrónico era sanado.

¿Por qué se individualizó Dios? Para tener algo que amar. ¿Por qué fueron divididos los rayos? Para poder expresar amor. El Amor es el Principio Activo de Dios. Cuando amas, están envolviendo lo que amas en ese Manto de Dios, en la Presencia Radiante. Jamás critiques.

Cuando creas ver una actividad sexual incorrecta, levanta la conciencia del personaje a un ideal, de modo que su pensamiento entre en control consciente y así su plano sexual se eleve a un plano superior.

El uso limpio y apropiado del sexo es para la expansión del amor en la procreación de una forma, de modo que el alma que viene pueda tener un carácter y un temperamento armonioso y amoroso. El pensamiento y el sentimiento de los padres son la actividad modeladora. La naturaleza del principio Vida en el individuo es amar.

La diferencia entre la compasión y la lástima es la siguiente: en la compasión se invoca a la Presencia «YO SOY» para que produzca la perfección. La lástima es energía con una sensación de imperfección y sólo intensifica la imperfección que se está manifestando.

Para controlar a un animal usa el *Yo estoy aquí y Yo estoy allí.* Ordeno el Silencio. O se le mira a los ojos y se conoce que el amor de Dios lo controla.

Capítulo VII

Cuando se dijo «Hágase la Luz», la primera actividad fue obedecer. Surgió la luz en cantidades ilimitadas, y así ocurre con todo lo que se refiere a la actividad exterior del único Principio Activo: Dios. Es decir, que la primera actividad de todo lo externo se encuentra en la obediencia perfecta a la presencia «YO SOY», pues sólo así se puede expresar la esencia pura en armonía.

Hay que esforzarse por mantener tranquila en todo momento la expresión exterior; igual sea entre amigos, parientes, socios o lo que sea, de cualquier condición o edad, pues cada vez que surge el impulso de discutir, criticar o resistir, es señal de que la conciencia carnal se entromete para llamar la atención hacia ella. Ese es el momento de darle la orden de observar obediencia y silencio. Lo primordial es conservarse en calma, en Gracia de Amor, Luz y Obediencia.

Es inútil discutir; silencia el exterior. Cuando el estudiante entra en el sendero consciente, la menor apariencia de resistencia o de perturbación le indica que debe decretar: *YO SOY la obediente e inteligente Actividad de mi Mente y Cuerpo; YO SOY el poder que gobierna y ordena todo con armonía.* Aún no puedo enumerar los elementos perturbadores de las actividades exteriores, porque sería impulsar en el estudiante una resistencia o, acaso, un complejo de culpabilidad. Cuando los estudiantes están lo suficientemente fuertes para escuchar estas verdades, les serán dadas. Basta con la mención hecha de que deben permanecer en guardia para no aceptar resistencia ni tentaciones para criticar. Cada uno debe usar muy a menudo la declaración: *YO SOY la Guardia invencible establecida y mantenida en mi Mente, mi Cuerpo, mi Hogar, mi Mundo y mis Asuntos.* Esta guardia es la presencia «YO SOY» y, naturalmente, es Infinita Inteligencia. La conciencia de esto establecerá esa guardia de actividad inteligente, que no tendrá que ser repetida de modo constante, una vez quede establecido el impulso, o sea, el *momentum*.

Volvamos al punto de que cada vez que usamos el «YO SOY», sabemos que actúa el poder del Amor, la Sabiduría y la Inteligencia Divinas. Usa también la declaración: *YO SOY la Acción plenamente liberadora del Amor Divino.* (Recuerda que el Amor, como virtud o atribución de Dios, es una entidad viviente, ya que Dios es Vida, y todos sus Atributos están vivientes.)

Sugiero como actividad preparatoria para cada día que los estudiantes declaren con firmeza y con alegría (sabiendo de antemano que el propio poder dentro de la declaración la hace mantenerse vigente): *YO SOY el Amor, la Sabiduría y el Poder con su Inteligencia Activa, lo que estará actuando en todo aquello em lo que yo piense y haga hoy. Yo ordeno a esta Actividad Infinita que sea mi protección y que actúe en todo instante, haciendo que yo me mueva, hable y proceda únicamente en Orden Divino.*

Y es conveniente que durante el día se declare: *YO SOY la Presencia gobernante que me precede a donde vaya durante este día, ordenando perfecta Paz y Armonía en todas mis actividades.*

De esta manera se deja la puerta abierta para el flujo constante de la presencia interior que transformará tu mundo, te impedirá el contacto con la desarmonía y hará que la paz y la armonía se hagan en todo contacto exterior.

No importa cuál sea la manifestación dentro o fuera del cuerpo; el estudiante debe adoptar la firme determinación de que su cuerpo es el Templo del Altísimo.

Ésta es una verdad incontestable, y esta actitud, mantenida conscientemente, traerá el cuerpo a la actividad perfecta, como es la intención divina.

En todo momento recuerdo a los estudiantes que no tienen otro modo de adquirir una cualidad o un atributo deseado, si no es reclamándolo, sabiendo que existe en nuestro espíritu perfecto. El exterior se ha acostumbrado a creer en la imperfección del ser humano y, por consiguiente, no puede llegar a manifestar perfecciones bajo tales condiciones. El pensamiento del estudiante, en general, es el siguiente: «Bien, he comprobado que no manifiesto esta cualidad que deseo y esto debe ser porque no estoy lo bastante adelantado». Pero yo te aseguro que no importa lo que esté manifestando el cuerpo o ser humano; el fracaso es imposible cuando se ha puesto en movimiento el «YO SOY», ya que se ha pronunciado la Verdad, además de movilizar los atributos de Dios. Muchas veces he visto a mis discípulos a punto de manifestar una gran victoria, y no sólo han fallado en el último momento, por culpa de la duda y su falta de perseverancia, sino que le han cerrado la puerta por tiempo indefinido.

El estudiante debe obligarse a mantener en su mente que cuando se ha puesto en movimiento el Poder de Dios, al pronunciar el «YO SOY», ocurre primero el caos universal antes de que deje de cumplirse la afirmación. Jamás puede dejar de actuar la actividad «YO SOY», a menos que el exterior se lo impida. Esto puede ocurrir cuando la precipitación asoma en el plano terrenal y la «efluvia», que es la masa de energía negativa mal usada que flota en todo el planeta o allí donde vivan seres humanos, y que está compuesta por las emanaciones mentales de todos los seres que, no conociendo la Ley del Mentalismo, no saben que sus pensamientos toman forma y quedan flotando y despiden una gran fuerza.

Todo estudiante debe vigilarse con gran atención para no usar el «YO SOY» en expresión negativa, porque cuando se dice: *Estoy enfermo, o Yo he fracasado* o *No estoy actuando correctamente*, se está lanzando esta magna energía para destrozar aquello que deseas lograr. Esto ocurre siempre que se usa el pronombre «YO», como sabes, pues ésa es la válvula que abre el «Poder Universal». Conociendo que «YO SOY» eres tú mismo, cuando dices: «me duele la cabeza, tengo el estómago malo», etcétera, estás lanzando la energía para que actúe en esos órganos en la forma que estás decretando, pues es igual cuando usas diferentes verbos y el pronombre posesivo. Se refieren éstos a una persona, «YO». No hay sino una sola persona que pueda afirmar en tu mundo, TÚ. Cualquier expresión que sólo pueda ser apropiada para ti, está incluyendo la energía y la actividad de la presencia «YO SOY». La actitud correcta es que si un órgano aparenta estar rebelde, hay que declarar y mantener con firmeza: *YO SOY la Única y Perfecta Energía actuando allí, por lo tanto, toda apariencia de perturbación es instantáneamente corregida.* Éste es el punto importante que hay que mantenerles a los estudiantes, y si por la fuerza de la costumbre usas algún agente exterior, como, por ejemplo, un medicamento, úsalo parcamente, siempre aclarándote la verdad, hasta que adquieras la maestría suficiente para gobernar enteramente por vía de tu presencia «YO SOY».

Te aseguro que aunque creas que el agente medicamentoso te ha aliviado, siempre es la presencia «YO SOY» la que le ha comunicado al medicamento el poder de aliviarte. Por ejemplo, YO, Saint Germain, he observado el mundo médico por muchos siglos, y cada vez que un individuo en autoridad dice que tal o cual medicina ya no sirve, al poco tiempo la medicina desaparece del mercado. Lo que ocurre en la mente de cualquier individuo pensante es que considera que ciertas hierbas o sustancias tienen una acción química que corresponde al elemento dentro del cuerpo. Y yo digo: ¿qué es lo que te da la afinidad química? El poder de tu «YO SOY» que te permite pensar. Así, cuando le das la vuelta al «Círculo de Actividad», encuentras que no hay sino una Inteligencia y Presencia actuando, el «YO SOY DIOS EN TI».

Entonces, ¿por qué no te enfrentas a esta verdad? Sin vacilación piensa: *YO SOY esa Presencia en Acción*. Es la misma Vida en mí y en todos los remedios a los cuales les da su poder.

¿No es mejor acudir directamente a la Suprema Fuente de todo, y recibir de esa forma su Omnipotente e Inagotable asistencia, que no puede fallar, en lugar de concederle a algo interior que te lleva a otro algo exterior, a lo cual le has concedido el Poder de aliviar la condición a la que diste el poder de molestarte?

Sé que no es fácil dejar viejas costumbres. Pero un poco de meditación obligará al raciocinio exterior a soltar su dependencia en estos remedios exteriores y depender en exclusiva de la gran presencia «YO SOY».

Por supuesto, sólo hay un medio de convencer a un estudiante respecto a esta vital cuestión, y es por la aplicación de estas verdades con determinada firmeza. Además, nadie puede demostrar hasta qué grado se puede aplicar la Verdad; sólo él puede determinar ese grado. A veces la energía interior, acumulada por el deseo, es de tal magnitud que el individuo queda asombrado ante los resultados.

La palabra empleada por los orientales es OM. Significa «YO SOY» (*I am*). A mí personalmente me gusta más «YO SOY» porque el estudiante siente más la acción de Dios en él. Para los orientales «OM» es una presencia universal, y no da la conciencia que da la presencia «YO SOY» actuando en el individuo. Esto explica la condición que existe en la India, que por la confusión de castas han caído en el error de creer que lo importante es la entonación con que cantan «OM». Cierto que impone una actividad, pero no la de energizar la acción del individuo y, por lo tanto, la diferencia de entonación es de poco beneficio.

El sistema de los Maestros Elevados desde tiempo inmemorial ha sido el uso consciente de la Presencia «YO SOY». Aceptar y reconocer plenamente a DIOS EN ACCIÓN en el individuo, es lo que más imparte la inteligente actividad, plena y completa, de la Presencia de Dios. Esto es la práctica de la Presencia de Dios, o sea, la Deidad.

Los orientales que han alcanzado grandes alturas, que los hay sin duda, lo han logrado a fuerza de meditar sobre la verdadera actividad. Quizá la verdad más sencilla y poderosa que el individuo puede sostener es que cuando diga «YO SOY» pone en acción, en su interior, consciente o inconscientemente, la plena energía de Dios sin adulteración. La energía se convierte en poder a través del uso consciente. El hecho de que un individuo esté encarnado como ser humano, es una orden de elevar su mundo a un estado de actividad perfecta. Cuando la conciencia del individuo es elevada, todo en el mundo de ese ser es elevado al plano de actividad interior.

La frase oriental «O mani padme hum» significa «Dios actuando en el individuo». Usa el «YO SOY» en lugar de «OM» siempre, porque tal vez has vivido encarnado en cuerpos hindúes. Conociste ese uso y para impedir que se invoque un uso inferior, emplea a menudo el «YO SOY» para que te eleve a la altura completa.

Cada vez que usas el «YO SOY», pones la pura energía de Dios en movimiento, sin color ni tinte de concepto humano. Es la única forma de mantener la pura energía de Dios incontaminada por calificaciones humanas. Grandes resultados se logran en poco tiempo por medio del uso de las afirmaciones siguientes: *YO SOY la Pura Inspiración*; *YO SOY la Luz Pura, en acción aquí* (visualízalo en y a través del cuerpo en el propio momento); *YO SOY la Pura Revelación de todo lo que yo quiero saber*.

Mantén para siempre dentro de ti las riendas del poder. La gente teme abrazar el Gran Poder de Dios y dejarlo obrar. ¿Y qué puede haber en Dios que te dé temor? Tienes que reclamar o apropiarte lo que tú desees: Di: *YO SOY ahora el Ser Elevado que deseo ser*. Esto te envuelve inmediatamente en la Presencia Ascendente.

YO SOY la eterna Liberación de toda imperfección humana. Esto realiza quien es «YO SOY».

YO acepto ahora mi Perfección completa y ya terminada.

Usa las explicaciones de las afirmaciones para tu comprensión, pues la conciencia carnal es un Santo Tomás, incrédulo y crítico. No lo dejes dudar. Di: *Este Cuerpo mío es el Templo de Dios Viviente y es elevado ahora*.

Las instrucciones generalmente son para que el estudiante compruebe la Ley en sí mismo. Di a menudo: *YO SOY el Poder que gobierna esta actividad y, por consiguiente, siempre es normal*.

En todo el Universo no hay un individuo que pueda reconocer el «YO SOY» ajeno para ninguna otra persona. Uno puede dirigirse al «YO SOY» colectivo, y por supuesto, porque en ese «YO SOY» entra uno también, pero no es lo mismo cuando se trata del «YO SOY» individual. Cada paso alcanzado por ti en el reconocimiento de que eres, es una adquisición permanente y no se puede retrogradar.

Capítulo VIII

Todo el mundo anda buscando la felicidad, a veces llamada dicha, y, sin embargo, muchos de los que la buscan con tanto ahínco continúan pasando de largo ante la llave de esa felicidad. La llave simple de la dicha perfecta y el poder inherente que la mantiene constante, es el autocontrol y la autocorrección. Pero esto es muy fácil de lograr una vez que se aprende la verdad de que *uno mismo es la Presencia YO SOY y la Inteligencia que controla y ordena todas las cosas.*

Alrededor de cada individuo hay todo un mundo de pensamientos creados por él mismo. Dentro de este mundo mental está la semilla, la Presencia Divina, el «YO SOY», que es la única Presencia que actúa en el Universo que dirige toda energía. Esta energía puede ser intensificada más allá de todos los límites por medio de la actividad consciente del individuo.

La Presencia Divina Interior puede compararse con la semilla de un durazno. Así, el mundo de pensamientos que la envuelve semeja la pulpa. Ésta representa no sólo el mundo mental creado por el individuo, sino la sustancia electrónica universal, siempre a la espera de ser activada por la determinación consciente del individuo, para ser precipitada a su uso visible en la forma que le convenga o desee.

El camino seguro hacia la comprensión y uso de este poder consciente viene por medio del autocontrol. ¿Qué quiero decir con la palabra «autocontrol»? Primero, el reconocimiento de la Inteligencia «YO SOY» como única Presencia activa; segundo, que sabiendo esto, sabemos también que no existen límites para el poder de su uso y, tercero, que los humanos, teniendo libre albedrío, libre selección y libre actuación, lo que crean en su mundo circundante, *es todo en lo que fija su atención.*

Ha llegado el momento de que todos comprendan que el pensamiento y el sentimiento forman el poder creador más grande en la vida y en el universo. La única forma de usar ese pleno poder de pensamiento-sentimiento, que llamamos «DIOS EN ACCIÓN», es empleando el autocontrol y la autocorrección, con los cuales se puede alcanzar rápidamente la comprensión con la que usar y dirigir este poder del pensamiento, sin limitación. Cuando se ha logrado el suficiente autocontrol, el individuo puede mantener su pensamiento fijo en cualquier deseo, al igual que una llama de acetileno que se sostiene inmóvil sobre una soldadura.

Así, cuando se mantiene inamovible la conciencia en cualquier deseo, sabiendo que la Presencia «YO SOY» es la que está pensando, o sea, que es Dios en Acción, entonces se comprenderá que se puede hacer visible, o precipitar, lo que se desee o se necesite. No es que no se pueda pensar en otra cosa; si así fuera ¿cómo se podrían realizar los mil y un deberes que colman nuestros días? Es que cada vez que se tenga que recordar el punto en cuestión, se recuerda invariablemente que es DIOS, o la Presencia «YO SOY» con todo su poder, la que está actuando para precipitarnos el deseo.

Oye bien; ha sido comprobado en miles de formas que el *efecto* de una cosa no puede traer felicidad. Sólo por la comprensión de la *causa* que opera el individuo se hace maestro o dueño de su mundo.

El autocontrol se ejerce pensando y diciendo inmediatamente frente a todo lo inarmónico que se presente: «No señor. Esto no puede ser verdad porque mi "YO SOY" es perfecto. Borro, pues, todo lo que esté mal hecho por mi conciencia exterior y no acepto más que la perfección manifestada». ¿Qué ocurre entonces? Que le has abierto la entrada a Dios «YO SOY», y Él endereza todo lo exterior.

Dice Saint Germain: «Amado estudiante, si pudieras comprender el magnífico esplendor que se manifiesta en ti cuando afirmas así tu autocontrol ante la actividad exterior, duplicarías todos tus esfuerzos para lograr ese autocontrol y maestría sobre toda expresión exterior. Así es que se le permite a la Magna Presencia «YO SOY» liberar su gran Poder en nuestra conciencia y uso exterior».

Ahora vamos a quitar de la mente de los amados estudiantes el sentido de tiempo, espacio y distancia.

La llave que abre la entrada a todas las esferas superiores, los planos superiores, está en la sencillez y firmeza del autocontrol. Todo estudiante debe recordar esa gran verdad de que «donde está tu conciencia estás tú», y que el «YO SOY» está en todas partes.

La conciencia de que hay espacio, distancia y tiempo es sólo una creación del hombre. Pasar a través del velo finísimo que separa la conciencia de su pleno poder y actividad interior es sólo un asunto de estado de conciencia, o sea, de pensamiento y sentimiento. Quienes están esforzándose por alcanzar la Luz, están viviendo constantemente en esas elevadas esferas. La belleza de estas esferas sobrepasa toda imaginación. Cuando entres en ellas consciente y voluntariamente, encontrarás que todas las creaciones que allí existen son tangibles como cualquiera de nuestros edificios.

Con la afirmación *YO SOY el Poder de mi Autocontrol completo para siempre sostenido*, os será más fácil lograr esta maestría. Los estudiantes deben ser conscientes de que cuando reconozcan la actuación de la Presencia «YO SOY», es imposible que ésta sea interrumpida o que se le interfiera en forma alguna. Al saber que no hay ni tiempo ni espacio, se tiene al alcance el conocimiento de la eternidad.

Para entrar plenamente consciente en una esfera más alta que el mundo físico, sólo hay que ajustar o cambiar la conciencia. ¿Cómo hacerlo? Sabiendo que ya estás allí, conscientemente.

Afirma a menudo: *Por el Poder del Círculo electrónico que yo he creado en torno mío, no puedo ser afectado por dudas y temores. Tomo gozoso el Cetro de mi YO SOY y piso resueltamente cualquiera de las Altas Esferas en las que yo quisiera entrar, y conservo la clara y perfecta memoria de mis actividades allí.*

Con esta práctica te encontrarás rápidamente gozando de la libertad ilimitada y la felicidad perfecta de actuar en cualquier plano que escojas.

Ser consciente de las cosas que están mil años por delante es tan fácil y tan accesible como ir a tus estanterías a coger un libro que necesites. El gran obstáculo para la libertad humana ha sido la gran ilusión del tiempo y el espacio en la creencia general.

Quienes han llegado a la gran desilusión de ver que la riqueza y los efectos exteriores de las cosas no pueden traer la dicha, comprenden la gran bendición que dentro de su propio pensamiento creativo, su propio poder y su propio pensamiento, tienen toda la dicha, la libertad perfecta y el dominio.

Cuando el estudiante llegue a comprender que aquello en lo que él conecta su atención se le adhiere, se convierte en él, o él se convierte en aquello con toda la intensidad que emplee, verá la importancia de mantener su atención lejos de todo lo destructivo en la experiencia humana. Aprende a invocar en estos momentos a la Amada Presencia «YO SOY», antes de fijar la atención en las cosas destructivas.

Discutir y comentar los defectos de nuestros amigos, familiares y asociados, nos traspasa esos defectos a nuestras propias conciencias y parece que aumenta el defecto que vemos en el otro. Esto es fijar la atención en lo destructivo y nos convierte en ello.

El hecho de que existan magos negros en el mundo (brujos), es decir, ciertos hijos de Dios que dirigen mal y contaminan la energía electrónica que les viene de su Presencia YO SOY, no es razón para que permitamos que nuestra atención se fije en ese hecho, simplemente porque conocemos los hechos. Lo que nos incumbe es mantener nuestra atención libre para que se fije en nuestro propio autocontrol impulsándolo a que se pose en lo que nos conviene.

Pocos se dan cuenta de que cuando vuelven a pensar o a estudiar un caso negativo y destructivo, o que cuando alguien los ha desagradado en alguna forma y ellos se permiten volver a repasar el incidente, se están grabando y fabricando ese caso en sus conciencias puras, ensuciándolas y atrayendo el resultado para que vuelva una y otra vez a ocurrir.

Pero yo quiero imprimir en las mentes de los estudiantes que es tonto dejarse afectar y perturbar por actividades, reales o imaginarias, de la conciencia exterior; ya que una vez que sepan *YO SOY la única Presencia Todopoderosa actuando en mi Mente, mi Cuerpo y mi Mundo,* ya no podrán ser afectados ni perturbados por ninguna asociación del mundo exterior. Han de saber que están enteramente inmunes a las molestias y perturbaciones de la mente de otros, no importa lo que traten de hacernos.

Cuando el individuo se da cuenta de que su propio pensamiento y sentimiento le puede producir todo lo que necesite, se sentirá libre del deseo de las riquezas y de todo lo que el mundo exterior pueda ofrecerle.

Os aseguro que no existe un mundo «sobrenatural». En cuanto pisamos una esfera superior a ésta, se hace tan real y verdadera como aquélla. Es simplemente otro estado de conciencia. Para gozo de tus familiares te diré que de aquí a cien años habrá centenares de personas que podrán usar los rayos cósmicos para limpiar y conservar sus casas, y cuando ya no sientan la necesidad de seguir las modas creadas por las ideas comercializadas, tejerán sus mantos «de un solo hilo y sin costuras» hechos con los rayos cósmicos.

Muchos estudiantes me preguntan cómo es que los maestros, con todos sus poderes creadores, prefieren vivir en habitaciones humildes. La explicación es sencilla. La mayor parte de sus actividades son en altas esferas, dirigiendo magnos rayos de Luz para la bendición de la humanidad desde sus hogares de Luz y Sabiduría tan bellos y trascendentes, como para hacerse invisibles a aquellos que aún ocupan cuerpos físicos. Si los estudiantes lograran comprender esto les evitaría mucha confusión y les quedaría más tiempo para usar en la actividad de la Gran Presencia «YO SOY».

Esto llevará al estado trascendente que consume la ansiedad por las riquezas del mundo exterior, las cuales no son más que basura en comparación con el poder creador inherente en todo individuo. Éste puede traer a la manifestación el poder trascendente a través del autocontrol y maestría. Yo te digo, amado estudiante, hijo del Dios Único: ¿No vale la pena usar tu más sincero esfuerzo cuando sabes que no puedes fallar? Empuña el cetro de tu Magno Poder Creador y libérate para siempre de todas esas ataduras y limitaciones que han torturado a la humanidad a través de los tiempos. Te aseguro que todo el que se empeña en adquirir el cetro y esta maestría recibirá toda la ayuda necesaria.

Aquel que tenga la comprensión de su habilidad creadora debe saber que puede crear todo lo que se le antoje, no importa cuál la rata vibratoria, en la Luz, o en cualquiera otra condensación que desee mantener.

Sabes bien que tienes la habilidad de transferir tu pensamiento de Caracas a Nueva York en el mismo instante, lo mismo que cambiar tu pensamiento desde una condición de Luz a una condensación muy espesa, como el hierro. Esto te hará ver que lo que haces en cada momento consciente y voluntariamente, puedes hacerlo con mucho más poder si fijas tu atención conscientemente manteniéndola en lo que deseas manifestar.

El hecho de que no hayas precipitado aún de lo invisible a lo visible es lo que produce esa duda que te molesta. Hasta el día en que manifiestes una sencilla precipitación, tu valor y confianza surgirán y en el futuro no tendrás inconveniente en precipitar lo que quieras. *La atención* es el canal por medio del cual la Magna Energía atraída fluye a su realización.

La humanidad, a través de las centurias, se ha ido formando estos muros de limitación. Ahora hay que derribarlos y consumirlos como se pueda. Al comienzo se necesita determinación para lograrlo, pero cuando se sabe que el Poder de «YO SOY» es el que está actuando, también sabe que no es posible fallar. En exterior sólo tienes que mantener la atención fija sobre el objeto que quieres hacer visible, te concentras y, de pronto, lo encuentras plasmado y te asombras al comprobar que has vivido tanto tiempo sin hacer uso de este poder.

El largo del rayo que se desprende de la sustancia precipitada o condensación de Luz, es controlado por la conciencia del que lo usa. Si esa conciencia se eleva muy alto el fulgor es muy grande.

La «JOYA DE LUZ» está aún en su trascendente estado de perfección. La Joya es una sustancia condensada, como el diamante, esmeralda o rubí, pero, naturalmente, tomará la condición del que la lleva. Si la rata vibratoria de éste es baja, la joya o piedra perderá su brillo, mientras que si el pensamiento es trascendente, la piedra se pondrá muy luminosa.

Toda joya representa una alta actividad de la Sustancia Divina. Cuanto más intenso sea el fuego, mayor será el Poder purificador. El oro no necesita ningún otro elemento ni tampoco se adhiere a ninguno. Todos los metales y aleaciones se adhieren a él. Esto es así porque el oro es un elemento puro.

En toda actividad en que actúa el fuego hay un momento en que la llama se pone dorada. Toda consumación de sustancia es, en cierto momento, de color rojo, porque éste es el color de la liberación de impurezas.

Cuando ya se es un estudiante sincero, que está alcanzando la Luz, tiene que calificar todo lo que hay en su ambiente con la calidad de su Presencia «YO SOY», no importa qué apariencia tenga.

Si el temor te hace creer en una presencia perturbadora, eres el responsable, ya que si hubiere una Presencia perturbadora y la calificas con la Presencia «YO SOY», verías cuán imposible sería que ella te pudiera perturbar. No hay más que una sola energía actuando, y en el mismo momento en que reconoces en ella la Presencia «YO SOY» has recalificado aquella actividad con perfección.

La expectativa es una poderosa conciencia calificadora. La expectativa intensa es una cosa estupenda; siempre manifiesta. El hombre, a través de las centurias, ha creado un velo que le oculta estas esferas trascendentes. Ahora, si él lo ha creado, entonces el sentido común y la razón le dicen que puede disolver esa creación.

Una radiación poderosa ha salido hacia los estudiantes, radiación que será sostenida hasta que ellos reciban este trabajo que se ha dictado hoy. Pero transmitirles la sencillez, la facilidad y la seguridad con que puede ser materializada la idea por medio del pensamiento y el sentimiento creativos, es cosa para pensarla. Esto disolverá la acción de: «¿podré yo?», y en su lugar dirá «YO PUEDO» y «YO SOY». A toda afirmación y decreto, agreguen que desean conservar la memoria de cada experiencia y resultados.

Si los estudiantes os mantenéis armoniosos, de tiempo en tiempo recibiréis la iluminación que os dará toda la confianza necesaria. Manteneos asidos a una idea y sabed que cualquier conocimiento que necesitéis os vendrá instantáneamente.

Cuando permites que tu atención se fije en algo, en ese momento le estás dando el poder de actuar en tu mundo, es decir, que no puede existir una cualidad o una apariencia en tu mundo sino la que tú mismo le des.

Capítulo IX

Una de las cosas más importantes, aun para los estudiantes más sinceros, es la necesidad de darle tiempo a la meditación por la mañana o por la noche, la de aquietar la actividad exterior para que la Presencia Interior pueda surgir sin obstrucción.

Meditar significa en realidad sentir la activa Presencia de Dios, por eso cuando se entra en meditación no debemos arrastrar con nosotros todas las perturbaciones que nos han atacado hasta aquel momento. Hay que quitar conscientemente del sentimiento y de la atención todo lo que pueda perturbar, pues es una actitud para sentir la Presencia de Dios y no para revolver todas las molestias. Cuando se dio aquella afirmación: «Conoced la Verdad y ella os hará libres», la intención fue la de reconocer y aceptar la actividad de la Gran Presencia «YO SOY». Por eso, 1) Sé consciente de que el «YO SOY» es el Primer Principio, además de la absoluta seguridad de liberación; ahora mismo y 2) Conoce que *YO SOY es la activa Presencia que gobierna toda manifestación en tu Vida y tu Mundo perfectamente.* Así entrarás en la Verdad que te dará toda libertad.

Debo hablar de una cosa que sería risible de no ser tan seria. Tú castigarías a tu perrito si constantemente trajera huesos de la cocina a la alfombra del salón. Naturalmente, te parecería que está haciendo algo inarmonioso. ¿No sabes, amado estudiante de la Verdad, que cuando permites que tus pensamientos remuevan experiencias desagradables, estás haciendo algo mucho peor que lo del perrito? Lo malo, y que aparenta ser tan difícil de comprender, es que nunca, bajo ninguna circunstancia, se debe atajar el agua que ya ha pasado por debajo del puente. En otras palabras, las experiencias desagradables, las pérdidas, o cualquier imperfección que haya ocurrido en tu vida no deben jamás ser abrazadas y mantenidas en el presente. Ya pasaron; olvida y perdona. Dar y perdonar es Divino. Por ejemplo: si un individuo ha entrado en un negocio y ha fracasado, es siempre por la inarmonía mental de su actitud y sus sentimientos. Si cada individuo en circunstancias semejantes mantuviera con firmeza que sólo existe DIOS EN ACCIÓN, lograría el éxito más perfecto.

Desde el momento que todos tenemos libre albedrío, aquel que no controle su mundo sensorial se encontrará destrozándolo todo, lo propio y lo ajeno. Ésta es la Gran Ley, a menos que el individuo corrija sus pensamientos y sentimientos y los mantenga corregidos.

Todo ser encarnado ha cometido cantidad de errores. Por esta razón nadie debe permitirse una actitud de: *YO SOY más santo que tú,* sino que, por el contrario, se debe invocar la Ley del Perdón, ya que si se está sintiendo crítica, condenación u odio hacia otro hijo de Dios, sabrá que jamás podrá prosperar. En vez de ello debe decirle mentalmente a dicha persona: «Te mando la plenitud de mi Amor Divino para bendecirte y para que prosperes». Ésta es la actitud que libera de los fracasos de la actividad exterior.

Aquellos individuos que están constantemente dando vueltas en sus mentes y en sus discusiones a algún negocio que fracasó, deben saber que al final se destruirán a sí mismos si no apelan a la Ley del Perdón para borrar completamente aquella situación.

Quien se mantiene en actitud vengativa por algún mal imaginario o real, atraerá sobre sí la incapacidad mental y física (parálisis o mal de Parkinson). Aquel dicho antiguo: «A menos que tú perdones ¿cómo esperas ser perdonado?», es una de las más graves leyes en la experiencia humana. ¡Si pudieras ver cómo se pegan las cosas que ya no se quieren, cuando se permiten repasar las discordias que se considera que ya no tienen remedio!

La cosa más grande que la humanidad está buscando en realidad es la Paz y la Libertad, que son las puertas de la dicha. No hay sino una manera de recibir esto y es conocer a Dios en la Presencia «YO SOY», y que esta Presencia es la única Inteligencia que actúa en tu vida y tu mundo en todo momento. Adopta esto, vívelo. Una de las cosas más asombrosas que he atestiguado desde que estoy en el Estado Ascendido, es la idea distorsionada de la Libertad financiera. No hay sino una roca segura sobre la cual se puede construir la libertad financiera eterna, y es la de conocer y sentir en todas las fibras del ser *YO SOY la Sustancia, la Opulencia, ya perfeccionadas en Mi Mundo, de todas las cosas constructivas que pueda concebir o desear.*

Ésta es la libertad financiera verdadera. Este concepto te la traerá y no dejará que se te escape.

Por otra parte, el hombre puede usar consciente o inconscientemente lo necesario de esta Presencia «YO SOY» o de esta Energía Divina para acumular a través de la actividad exterior millones de dólares. Pero ¿dónde está la seguridad de que los van a conservar? Te aseguro que es imposible que ningún ser en el mundo físico pueda conservar la riqueza acumulada si no tiene en cuenta que Dios es el Poder que la produce y la mantiene. Ves frente a ti constantes ejemplos de grandes riquezas que se van en una noche. Hay miles que en los últimos años se han visto en este caso, y si aun después de haberla perdido toman la decisión consciente: *YO SOY la riqueza de Dios en acción ahora manifestada en mi vida y mi mundo,* la puerta se les hubiera abierto inmediatamente para recibir de nuevo la abundancia. ¿Por qué se dice «de nuevo»?, porque si fueron ricos habían construido un gran *momentum* de confianza. Todos los requisitos estaban a su favor para que las riquezas continuaran; pero en la mayoría de los casos de estas pérdidas se les permite la entrada a grandes depresiones, a menudo odios y condenación, que es lo que cierra la puerta al progreso.

Déjame asegurarte, amado hijo de Dios, que jamás existió en este mundo una condición tan mala que estuviera fuera de la Activa Presencia de Dios «YO SOY» con su eterna fuerza y valor para reconstruir de nuevo la independencia financiera. Quiero que los estudiantes entiendan lo siguiente: en estos días de derrumbe de tronos y gobiernos, de fortunas individuales, necesitan conocer y comprender que sus riquezas se han volatilizado por ignorancia e incomprensión. La Presencia «YO SOY» en ellos, Dios en Acción, es el reconstructor seguro de la fe, la confianza, la riqueza, o sea, lo que sea que quieran ellos enfocar con su atención consciente; y así permiten ellos que esta energía interior fluya a través de sus deseos, pues éste es el único Poder que jamás no haya logrado algo.

Todo individuo que haya expresado una aparente pérdida económica debe inmediatamente usar la maravillosa afirmación de Jesús: *YO SOY la Resurrección y la Vida...* (de mi negocio, mi comprensión o lo que sea pertinente). Te digo con franqueza, amado estudiante, que no hay esperanza alguna en el Cielo o en la Tierra para el que persista en mantener en su conciencia pensamientos y sentimientos de crítica, condenación y odio de cualquier descripción, y esto incluye hasta un leve desagrado. Esto nos lleva al punto vital de que sólo te concierne tu propia actividad y tu mundo. No te incumbe juzgar a otro porque tú no conoces las fuerzas que lo influyen a él ni a sus condiciones. Sólo conoces el ángulo que ves de él, y yo te digo que si alguien manda pensamientos de crítica, condenación y odio a un tercero que fuera enteramente inocente de todo intento de dañar al prójimo, estaría cometiendo algo peor que un asesinato físico. ¿Por qué es así? Porque el pensamiento y sentimiento forman el único poder creador y aunque dicho sentimiento y pensamiento pueden no dañar el objetivo, tienen que devolverse y arrastrar las condiciones mandadas por el individuo que las lanzó, y siempre con energía acumulada. Así es que tales pensamientos dañinos hacia otros están destruyendo los negocios y asuntos del que los envía. No hay forma de evitarlo si exceptuamos que aquel individuo se despierte y conscientemente invierta las corrientes.

Vamos a dar un paso más. A través de todas las edades han existido asociaciones comerciales en las que una o dos personas han intentado dañar deliberadamente, y otros individuos absolutamente inocentes han sido culpados y encarcelados. Yo digo que es una Ley infalible que aquel o aquellos que puedan causar el encarcelamiento de personas inocentes, privándolas de su libertad de acción, se atraerán la misma experiencia en sus propias vidas hasta la tercera y cuarta encarnación siguiente.

Yo preferiría mil veces morir antes que ser el instrumento que pudiera privar de su libertad a cualquiera de los hijos de Dios. No hay crimen mayor en la experiencia humana de hoy, que el uso de las evidencias circunstanciales, porque en noventa y nueve casos de cada cien se encuentra después que han sido enteramente falsas. Algunas veces la verdad no es conocida jamás por los sentidos exteriores.

De modo, amados estudiantes, que ninguno de los que buscan la Luz se constituya en juez de ningún hijo de Dios.

Vamos a suponer que alguien a quien amamos mucho esté actuando disparatadamente. ¿Qué es lo primero que hace el mundo en general? Pues, juzgarlo y criticarlo. La cosa más poderosa que se puede hacer en pro de esa persona es llenarlo de amor y conocer mentalmente *YO SOY Dios en Acción, la única Inteligencia y Actividad controlando a este hermano o hermana.* Continuar hablándole mentalmente a su conciencia es la más gran ayuda que se puede dar.

Muchas veces los argumentos verbales con semejante individuo forman una condición antagónica, intensificando en vez de borrar la actividad. En el trabajo silencioso lograrías tu objetivo con absoluta certeza.

Nadie puede conocer lo que la Presencia «YO SOY» de un tercero desea hacer. Éstas son verdades vitales que al emplearlas traerían gran paz a las vidas de los demás. Muchas veces, el esfuerzo puesto en algunos negocios no puede impedir la ruina de los mismos porque hay en la conciencia de los actuantes un juicio y condenación ocultos o un sentimiento de odio disimulado hacia otro.

El estudiante o individuo que desee progresar rápidamente en la Luz no debe nunca dormirse hasta que haya enviado su amor a todo individuo que él considere que lo ha dañado en cualquier momento. Este pensamiento de amor sale recto como una flecha hacia la conciencia del otro individuo, porque no hay nada que lo pueda detener, y generará su calidad y poder allí donde haya sido enviado. Es seguro que se devuelve en el mismo instante en que es enviado. No hay ningún elemento que sea causante de tantos malestares del cuerpo y de la mente como el sentimiento de odio enviado hacia otro individuo. No se puede predecir cómo irá a reaccionar en la mente y el cuerpo del que lo envía. En uno puede que produzca un efecto, y en otro un efecto diferente. Hay que entenderlo bien: el rencor o resentimiento no son más que otra forma de odio, aunque de un grado menor.

Un pensamiento maravilloso para vivir con él siempre es el siguiente: *YO SOY el Pensamiento y el Sentimiento creador perfecto presente en todas las Mentes y Corazones de todo el mundo en todas partes.* Es algo maravilloso. No solamente da paz y reposo al que lo envía o al que lo genera, sino que provoca dones sin límites que vienen de la Presencia.

Otro pensamiento es: *YO SOY la magna Ley de Justicia y Protección Divina actuando en las Mentes y Corazones de todo el mundo.* Puedes aplicar y usar esto con enorme fuerza y poder en todas las circunstancias. Otro es: *YO SOY el Amor Divino que llena las Mentes* y *Corazones en todas partes.*

Absolutamente todo en la experiencia humana puede ser gobernado por la Presencia «YO SOY». *El uso de la Presencia YO SOY es la más alta actividad que se puede enseñar.* Cuando dices «YO SOY» pones a Dios en actividad. Cuando sientas y conozcas la grandeza del uso de esta expresión, realizarás el enorme poder del «YO SOY». Cuando dices *YO SOY el Poder de Dios Todopoderoso,* no hay otro poder que pueda actuar; habrás libertado y soltado la plena actividad de Dios.

Otra afirmación: *YO SOY la Memoria consciente y la Comprensión en el uso de estas cosas.* Cuando digas *La Presencia YO SOY me viste con mi traje de Luz Eterna y Transcendente* esto actúa realmente en ese momento.

El lugar secreto del Altísimo es esta Presencia «YO SOY». Las cosas sagradas que te estoy revelando no debes dejarlas de lado. Son como perlas. Procura conocer siempre: *YO SOY el perfecto aplomo en mi hablar y en mi actuación en todo momento porque YO SOY la Presencia Protectora.* Así la guardia siempre está atenta.

La energía de Dios está siempre a la espera para ser dirigida. Inherente en la expresión «YO SOY» está contenida la actividad autosostenida. Ahora sabes que el tiempo no existe; esto te trae a la acción instantánea y tu precipitación pronto tendrá lugar. Precediendo a la manifestación sentirás siempre una quietud absoluta.

Afirmaciones metafísicas para la persona que está en pleno caso judicial:

YO SOY la Ley.
YO SOY la Justicia.
YO SOY el Juez.
YO SOY el Jurado.

Sabiendo que el «YO SOY» es Todopoderoso afirma entonces que *sólo lo Justicia Divina puede hacerse aquí.*

Capítulo X

De los siglos de actividad hemos pasado al punto focal donde las experiencias de las edades entran en acción instantánea, donde todo tiempo y espacio se convierte en la *Única Presencia de Dios en Acción ahora.*

Sabiendo que es la Presencia de Dios «YO SOY» que late en tu corazón, sabes que tu corazón es la Voz de Dios y que a medida que meditas y dices: *YO SOY la Suprema e Inteligente actividad de mi Mente y mi Corazón*, traerás a éste el verdadero y divino sentimiento en que puedes confiar.

Durante tanto tiempo ha venido la humanidad amando sólo con la periferia del círculo, que una vez que el estudiante se dé verdadera cuenta de que Dios es Amor y que la actividad de DIOS AMOR se proyecta por el corazón, comprenderá que al enfocar su atención en el deseo de proyectar amor hacia cualquier propósito, puede generar amor en un grado ilimitado; y que éste es el privilegio supremo de la actividad exterior de la conciencia. La humanidad no ha comprendido hasta ahora que el Amor Divino es *un Poder, una Presencia, una Inteligencia, una Luz y una Entidad* que puede ser engrandecida al tamaño de una llamarada sin límites, y que está en la capacidad de todo individuo, especialmente si es estudiante de la Luz, el generar esta Presencia de Amor que se convierte en una invencible, inagotable, pacificadora entidad, presente en donde quiera que el individuo la dirija.

Hay quienes dicen y creen que «al Amor no se le puede mandar». Y yo digo que el Amor es el Primer Principio de la vida y puede ser generado en cualquier grado y sin límite alguno, para uso infinito. Tal es el privilegio majestuoso y el uso y dirección conscientes que se le puede dar al Amor.

Cuando digo «generar» me refiero al abrirle la puerta por devoción consciente a la emanación de esta fuente inagotable de Amor Divino que es el Corazón de tu Ser, el Corazón del Universo.

Por la contemplación de este poder infinito del Amor, los estudiantes se convertirán en tal fuente de emanación, que podrán disponer del uso infinito dirigiéndolo conscientemente.

Cuando mis amados estudiantes deseen apresurar su liberación de tales o cuales actividades exteriores, molestias dolorosas, etcétera, les recomiendo afirmar: *YO SOY la Presencia que ordena, la Energía inagotable, la Sabiduría Divina haciendo que mi deseo sea cumplido.* Esto te hará libre de cualquier condición indeseable, y es la forma permitida por la propia Ley de tu Ser. Y ya que conoces esto, puedes saber también además: *Esta Presencia YO SOY ahora permanece intocada por toda condición exterior perturbadora. Sereno, plego mis alas y moro en la acción perfecta de la Ley Divina y en la Justicia de mi Ser, ordenando que todo en mi círculo aparezca en perfecto Orden Divino.*

Éste es el mayor privilegio del estudiante y debe ser su mandato en todo momento. Te diré algo que deberá animarte. Cada estudiante que está luchando por alcanzar la luz está siendo templado como el mejor acero, para que dure el mayor tiempo, lo soporte todo mejor y sea muy fuerte. Esto es lo que la experiencia de la vida le trae al individuo.

Cuando uno ansía ser liberado y siguen apareciendo experiencias angustiosas, no son éstas sino el fortalecimiento del carácter para darle la última, perfecta y eterna Maestría sobre todas las cosas exteriores. Puedes, pues, con esta comprensión, regocijarte de la experiencia, ya que te está volviendo hacia la gloriosa, maravillosa Presencia «YO SOY» para que te asolees en Ella.

Así, amado estudiante, no te desesperes entre las experiencias que aparentan pesar sobre ti. Enfréntate a ellas con regocijo, porque cada paso hacia delante lleva a la Meta Eterna y no tiene que ser repetido. Que el estudiante recuerde siempre que es importante utilizar la afirmación siguiente: *YO SOY la Fuerza, el Coraje, el Poder de adelantar a través de toda experiencia, cualquiera que sea, y permanezco alegre, elevado, lleno de paz y armonía en todo momento, por la gloriosa Presencia que YO SOY.*

Para el atleta, el momento antes de la carrera está lleno de gloriosa anticipación, pero a medida que se aproxima a la meta y ve cómo el adversario se le va acercando, pone sus últimos esfuerzos, el aliento se le agota y con la última zancada alcanza la línea de la victoria. Asimismo ocurre con los estudiantes en el sendero. Saben que con la práctica de la Presencia «YO SOY» no pueden fallar, de modo que todo lo que falta es apretarse el cinturón, prepararse para lo que sea necesario y decirle adiós con la mano al adversario. Pero mucho más afortunado que el atleta lo es el estudiante que sabe desde el principio que él no puede fracasar porque *YO SOY la Energía Inagotable e Inteligente sosteniéndome.*

El poder de precipitación está dentro de la Presencia «YO SOY». Esto debe ser recordado en todo momento. *YO SOY el Principio vital en éste mi cuerpo. En todas partes, hasta en el Corazón de Dios, soy la Inteligencia gobernante del Universo. Luego, cuando yo quiera precipitar algo, no impor-*

ta qué cosa sea, yo sé que YO SOY el Poder actuante, YO SOY la Inteligencia dirigente, YO SOY la Sustancia que está siendo utilizada, y ahora la traigo a la manifestación visible para mi uso.

La meditación de esta frase que acabo de expresar permitirá al estudiante entrar en esta actividad sin tensión ni ansiedad.

Lo que enfrenta al estudiante en este asunto de la precipitación, es el asunto dinero. La primera pregunta siempre es: ¿Cómo se puede precipitar dinero sin interferir o sobrepasar el límite asignado por el Tesoro Nacional? Desde que se estableció el dinero como patrón de cambio, y siendo, como quien dice, el oro lo que respalda o ampara este patrón, o sea, la seguridad de toda emisión, hay que recordar que ha habido innumerables desastres de todas formas, en los que se ha perdido el oro o las remesas de dinero por valor de billones. De la misma manera han desaparecido miles de toneladas de oro de diversos países, sumergidas en el océano y enterradas en lo más profundo por cataclismos ocurridos. Por lo tanto, como la precipitación se hace del aire, es oro en su estado natural y tendría que ser en cantidades grandísimas para que existiera el peligro de pasar el límite del permiso legal para su utilización. Además, el oro es siempre legal en su uso, y como el mundo tiene ofrecida una prima para que sean producidas mayores cantidades de oro, ¿por qué no precipitarlo y así beneficiar al mundo? Ahora bien, no me hago responsable por las preguntas que os sean hechas cuando presentéis vuestra precipitación de oro. Vosotros no os dais cuenta del alcance de la curiosidad de la mente exterior en cuanto se alborota la atención respecto al oro. A menos que se sepa de la posesión de una mina de donde extraerlo, por ejemplo, la mente humana se enciende de inmediato. Toda demanda por inquirir el origen de vuestro oro es una sutil forma de indagación para descubrir vuestra fuente «e ir pegado». Mi opinión es que se responda a esas preguntas: «Esto es oro. A ti no te importa dónde lo he adquirido. Pruébalo, analízalo. Si no es cien por cien oro, puedes rechazarlo, y si es oro puro, estás obligado a recibirlo por la Ley de tu Gobierno».

Sin embargo, no olvidéis que la Presencia «YO SOY» es quien lo gobierna. Ella es quien lo precipita y quien lo hace circular sin tropiezos.

Capítulo XI

EL DIOS HIMALAYA

Ésta es la primera vez que la Presencia de esta Entidad Luminosa es traída al conocimiento del mundo exterior. De Él reciben sus nombres los Montes Himalayas. Desde que éstos fueron conocidos han constituido una corriente de vida sagrada y mantenida inflexible. Por esto, aquellas almas que entraron en su radiación fueron elevadas a la unión con la Forma Fulgurante de Él, de donde ellas han estado enviando sus Rayos de Actividad para bendición de la humanidad. De ello deriva el gran magnetismo del Tibet.

Así como el destino de la India y de América ha sido entretejido como dos lianas que reúnen el Árbol de la Vida, del mismo modo viene la ayuda radiante para fundir en armonía las mentes de manera que su progreso continúe sin interrupción.

Hoy existen miles que, procedentes de la India, han reencarnado en América. Asimismo, hay miles de americanos renaciendo en la India para traer su mixtura y su proceso balanceador a ambas secciones de la Tierra.

Esta gran Entidad que te ha sido presentada después de muchas centurias en el Gran Silencio, da este paso hacia delante para ejercer el proceso consciente de espíritu y manifestación, ofreciéndote el cáliz de fuego líquido espiritual, derramándolo en los corazones de la humanidad para provocar en ella un deseo mayor de luz proveniente de la Gran Fuente de Luz «YO SOY» Dios en Acción en todas partes.

La entrada de esta Gran Presencia en la actividad humana se regará como un hilo de luz a través de todas las Américas; y expandiendo su Luminosa Presencia como un manto de nieve dorada que va cayendo suavemente será absorbida por las mentes humanas, la mayoría de las cuales no se darán cuenta, aunque algunas sentirán esa Presencia penetrante interior.

Si los que están bajo esta radiación continúan en un bello y armonioso progreso, será posible traerles a la atención ciertas actividades del fluido nervioso que apresurará sus maestrías sobre la forma exterior, lo que quiere decir maestría sobre todas las condiciones que aparentan aprisionarlos.

Debes estar atento, lo mismo tus discípulos, para invertir todas las condiciones negativas que aparezcan a los sentidos. Para darte un ejemplo: si sientes frío, invierte la conciencia y asegúrate de que eso no es cierto y que lo normal es gozar de una buena temperatura. Si sientes calor, inviértelo con la conciencia del frescor normal. Si estás exuberante de alegría por causa de una buena noticia, hay que decir: «Paz, aquiétate». No conviene obligar a la balanza alterando la Ley del Ritmo. Decreta la calma, el reposo y la seguridad. El ideal en todas las comunicaciones de los sentidos es el moverse en la vía del medio, el equilibrio, conservando la tranquila maestría del «YO SOY». Esto permitirá el establecimiento de una corriente fluídica, continua, de energía e ideas creativas viniendo del corazón del Gran Sol Central, de donde procede este Gran Ser, el Dios Himalaya. Esto también te capacitará para recibir y usar inmensamente más de la radiante energía que Él emana. La razón por la cual he atraído la atención sobre Él es para que puedas recibir en forma ilimitada esa energía, además de la que extraes por tus esfuerzos conscientes.

Los estudiantes deben comprender que los Maestros no vienen a ellos por su iniciativa individual, sino que son los Maestros los que han escogido a los estudiantes para que éstos reciban Su Radiación. Es un privilegio que no se puede calificar con palabras. Sólo se puede sentir o ver. Además, la misión del Maestro no es la de asumir vuestras responsabilidades ni resolver vuestros problemas, sino la de comunicar la comprensión inteligente que los discípulos puedan aplicar en sus vidas, y así resolver sus problemas. De este modo adquieren la fuerza, el valor y la confianza para continuar paso a paso en la maestría consciente que domina el ser y el mundo exterior.

Al llegar un momento en el crecimiento espiritual, oímos a los estudiantes invocándonos con gran sinceridad: *Grandes Maestros, ayúdennos a resolver nuestros problemas.* Para daros ánimo y fuerzas os diré que no se tiene la menor idea de la Radiante Presencia de los Maestros derramándoos fuerza, valor, confianza y luz. Los estudiantes están totalmente inconscientes de esto. *No hay sino una sola forma que todo aquel que posee sabiduría puede emplear para dar una ayuda permanente a los hermanos que piden asistencia,* y es la de instruirlos en estas simples leyes que les darán la victoria y el dominio sobre el ser y el mundo exterior. Porque hacer lo que piden estos estudiantes, o sea, que se les resuelvan sus problemas, sólo consigue *retrasar su progreso y debilitarlos inmensamente.* Sólo decretando su propia fuerza se logran las victorias y se gana la confianza que no puede venir de ninguna otra forma. Así entra el estudiante en la plenitud de sus propios poderes. Con la práctica consciente de su Poderosa Presencia «YO

SOY», el estudiante adelanta sin ninguna vacilación hacia la victoria en la meta.

La razón por la que no se le informa al estudiante sobre la asistencia que los Maestros estamos dando es para impedir que se recueste sobre un soporte exterior. Sería un error muy grande que cometeríamos, hacer o decir lo que haría conocer nuestra Presencia, por lo cual el estudiante se apoyaría en nosotros. Por lo demás, el estudiante no tiene nada que temer, y debe darse cuenta de que le damos siempre toda la asistencia posible, y de acuerdo al grado de adelanto que va logrando.

La Presencia «YO SOY», la Hueste Ascendida y el Maestro Jesús son todos una misma cosa. A través del uso y el reconocimiento de la Presencia «YO SOY», te aseguro que puedes producir positivamente *cualquier cualidad que desees manifestar en la Conciencia exterior.* No tienes más que ensayarlo.

Lo que todos necesitan recordarle constantemente a la conciencia exterior es que cuando se dice «YO SOY» esto o aquello, se está poniendo a Dios en Acción, y que esto es la propia vida individualizada, la Vida del Universo, la Energía del Universo, la Inteligencia en el Corazón del Universo gobernándolo todo, absolutamente todo. Es esencial, vital, recordarle constantemente esta Verdad a la conciencia exterior. Esta conciencia produce el entusiasmo gozoso que irá aumentando de manera progresiva. En ningún momento debe haber un paro en el gozo de este uso, porque es absolutamente el sendero de la Completa Maestría.

Los estudiantes deben darse cuenta de que son el Poder Consciente que controla sus vidas y sus mundos y que pueden llenarlos con cualquier cualidad que necesiten o que deseen. Los que sufren de disturbios físicos intermitentes deben hacer conciencia a menudo de *YO SOY el aliento perfectamente controlado de mi cuerpo*, y en conexión con esto deben hacer tan a menudo como sea posible la respiración rítmica, que les dará un equilibrio de la respiración de gran ayuda para el control del pensamiento.

Una cosa importante para los estudiantes sinceros es evitar escuchar cosas perturbadoras y negativas, porque éstas dejan entrar elementos indeseables que se infiltran de forma inconsciente. Cuando materialmente no se pueda evitar debe hacerse la siguiente afirmación: *YO SOY la Presencia Guardiana que consume al instante todo lo que busque perturbarme.* Así, no solamente se protege él mismo sino que ayudará también a la otra persona. Aunque no se debe temer nada, es necesario mantener una guardia consciente hasta que se haya obtenido la suficiente maestría para controlar los pensamientos, los sentimientos y la receptividad.

Procura mantenerte en el gozo y entusiasmo de la Presencia «YO SOY». Entrégale todo el poder necesario y no mantengas preguntas en tu mente. Tira todo a los cuatro vientos, entrégaselo todo y espera sus revelaciones mágicas. La maravillosa, milagrosa Presencia es la que puede resolver todas las cosas, todos los problemas y contestar las preguntas que necesiten revelaciones y contestaciones. Una grandiosa afirmación de inmensa ayuda es: *YO SOY la milagrosa Presencia trabajando en todo lo que necesito que se haga.*

Quienes meditan o contemplan lo que quiere decir «YO» o «YO SOY» reciben resultados, revelaciones y bendiciones fuera de toda ponderación. Estoy seguro de que tus discípulos comenzarán muy pronto a sentir y a manifestar la extraordinaria actividad de esta práctica. Yo mismo lo estoy sintiendo ya en vosotros.

Mientras tu cuerpo duerme, hay en los planos superiores un constante visiteo e intercambio de ayuda. Es algo de lo que tu ser exterior no puede tener conocimiento.

En el momento en que puedas tranquilizar la mente exterior y ponerla bajo control tendrás tal cantidad de revelaciones que se atropellarán en tu mente. Y sabiendo que *YO SOY la Esencia misma de todo lo que deseo*, sabes también que te es posible producir en forma visible y tangible cualquier cosa que tengas en la conciencia.

De acuerdo con una necesidad imperante, el Maestro Himalaya quiso venir a este plano. Él trae una mezcla especial de América y de la India, y por eso le es posible aparecer aquí. A medida que la Presencia Interior entra en actividad, toda otra actividad cesa. Es lógico y necesario porque la actividad obedece a la Presencia «YO SOY». Una Nieve Dorada es esparcida sobre todas las Américas por la Presencia para ser absorbida, no sólo por los individuos, sino por las partículas de la atmósfera. Cuando los estudiantes se convierten voluntariamente en focos de esta emanación, son bendecidos y ayudados.

Es necesario que los estudiantes comprendan que en ciertas necesidades nacionales, como también individuales, faltan las cualidades necesarias para salir adelante. Ésta es la razón por la que Grandes Entidades especiales vienen hacia la Tierra. Ellas tienen cualidades predominantes que la situación requiere en un momento dado. Los estudiantes que puedan comprender esto encontrarán un elemento nuevo entrando en sus vidas, que los beneficiará mucho.

La actitud de espera o de expectativa es vital cuando se espera recibir algo de la Presencia Interior. Es una facultad muy beneficiosa para el que la cultiva. Por ejemplo, si hemos hecho un proyecto que esperamos con ilusión, nos sentimos llenos de expectativa. Podemos usar de esta expectativa que es de gran ayuda para que se manifieste lo que deseamos. Si llamas por teléfono a alguien para que te espere en un sitio de la ciudad, sales con la expectativa del encuentro; asimismo, si deseas conocer a los Maestros, un requisito para lograrlo es la expectativa de verlos. ¿Por qué no? Ponte en expectativa ya.

Capítulo XII

Las experiencias que resultan de los aparentes misterios de la vida cuando son bien comprendidos, son bendiciones disfrazadas, ya que cualquier experiencia que nos hace volvernos hacia la única Presencia «YO SOY» Dios en Acción, nos servirá de maravilloso propósito y bendición.

Las situaciones desafortunadas se producen porque las personas se ponen siempre a buscar su existencia en los orígenes externos, así como la inspiración y también el Amor, que no es sino la Presencia Suprema y su Poder en el Universo.

No importa cuáles sean las condiciones a las que tengamos que enfrentarnos, no debemos perder la idea de que el Amor es el eje del Universo alrededor del cual todo gira. Esto no significa que tengamos que amar la inarmonía, la discordia o ninguna otra cosa que no se parezca al Cristo, pero sí podemos amar a Dios en Acción a la Presencia «YO SOY», en todas partes, pues lo opuesto al odio es el Amor y *nadie puede odiar sin haber amado profundamente primero.*

Cada ser humano es un poder y debe ser el Principio Gobernante de su vida y su mundo. En el hecho de que dentro de cada ser humano está la Presencia «YO SOY» actuando siempre, se puede ver que cada uno mantiene entre sus manos físicas el cetro del dominio y debe recordar que la invencible Presencia de Dios es en todo momento la actividad inteligente de su mundo y sus asuntos. Esto mantiene la atención alejada de la apariencia exterior, que jamás contiene la Verdad, a menos que sea iluminada por la Presencia «YO SOY».

No importa cuál sea el problema a solucionar, no hay sino un solo Poder, una Presencia y una Inteligencia que pueda resolverlo. Ése es el reconocimiento de la Presencia de Dios, contra la cual no puede interferir ninguna actividad exterior, a menos que la atención se separe consciente o inconscientemente de este reconocimiento y aceptación del Poder Supremo de Dios.

El Principio vital, siempre activo, está tratando de expresarse en su Perfección natural, pero *los seres humanos con su libre albedrío, consciente o inconscientemente lo califican con toda clase de distorsiones. El individuo que mantenga su atención firme en la Presencia «YO SOY en Dios y con Dios»; se convierte en un Poder Invencible que ninguna manifestación humana puede derrumbar.*

Al hacer conciencia de *Yo estoy aquí, Yo estoy allá*, aparecen personas que nos ayudan cuando esto es necesario, ya que el «YO SOY» está dentro de aquellos amigos también. La liberación de todo dominio o interferencia sólo puede venir por esa Presencia, *YO SOY Dios en Acción*, en la vida del individuo.

Muchas veces requiere gran tenacidad aferrarse a la Presencia, cuando las apariencias parecen estar dominando. Hay un viejo refrán que dice: *Nadie ha fracasado mientras no se rinde.* Esto es verdad, porque mientras un individuo se una a Dios como su inteligencia gobernante, no hay actividad humana que pueda interferir en la gran emanación que fluye alrededor de uno.

A través de las centurias la humanidad le ha dado su atención a las apariencias, invitando así a toda clase de discordia y malestar; pero hoy día hay miles que están llegando a la comprensión de que la Presencia de Dios dentro de ellos es absolutamente invencible, hasta el punto de encontrarse continuamente elevados por encima de la injusticia, la discordia y la inarmonía de la creación exterior. Mientras los humanos no aprendan a mantener su atención en la Presencia «YO SOY» o Dios Interior, seguirán encontrándose rodeados por lo indeseable, pero por medio de esta Presencia «YO SOY» cada uno tiene el poder de elevarse por encima de la discordia y la perturbación de esa creación exterior.

Al principio cuesta mantenerse firme cuando los nubarrones aparentes pesan mucho, pero la actividad dinámica de la atención fija en la Presencia de Dios Interior, es como el rayo que penetra y disuelve la amenazadora tempestad.

A medida que se adelanta, se siente uno más invencible ante la creación humana que ocasiona tantos disturbios. La frase de Jesús: *Conoced la Verdad y Ella os hará libres*, fue sin duda una de las Verdades más grandes y sencillas, pues la gran base es saber que esta Gran Verdad a que Él se refirió era el recuerdo de la Invencible Presencia de Dios Interno. Si sabes eso, y estás seguro de ello y lo repites en toda ocasión, entonces sabes que tienes la Presencia dentro de ti.

El próximo paso es determinar: *YO SOY la Presencia iluminadora, por la cual nada que yo necesite saber me puede ser sustraído, ya que «YO SOY» la Sabiduría, «YO SOY» la Perfección, «YO SOY» el Poder revelador que me trae todo ante mí para poder comprender y actuar de acuerdo.*

Es muy fácil una vez que se ha comprendido que *YO SOY la Única Inteligencia y la Única Presencia actuando*, ver cómo tienes el cetro en tus manos físicas y a través de esta Presencia «YO SOY» puedes obligar a que todo lo que tú necesites saber te sea revelado. Y te aseguro que esto en ninguna forma interfiere con el libre albedrío de ningún otro individuo y que no hay ningún error ni daño en reclamar y pedir lo que es de uno, pues al hacer esto no se está interfiriendo con nadie.

Si en cualquier momento alguien intenta quitarnos lo que nos pertenece, tenemos el derecho de ordenar a través de la Presencia «YO SOY» que todo el cuadro sea ajustado o que lo nuestro nos sea devuelto. En esto tenemos que tener mucho cuidado de que cuando pongamos la Ley Divina en Amor, y que la Justicia Divina comience a manifestarse, no nos llenemos de lástima e interrumpamos la acción de la Ley. Cuando los seres humanos son gobernados enteramente por su ser exterior y no piensan en el poder de Dios que les da la Vida, fácilmente cometen toda clase de injusticias, pero esto no significa que nosotros les vayamos a permitir hacerlo en nuestro propio mundo. ¡No! Sobre todo cuando sabemos que tenemos el Poder de Dios precisamente para ordenar y pedir la corrección y la justicia en todas partes.

Voy a citar un ejemplo: Una de mis estudiantes estaba atravesando un problema y siendo ella muy espiritual le dije que afirmara sus derechos y justicia. Siguió mi consejo y empezaron a pasarle cosas a aquellos que querían obrar injustamente con ella. Por su bondad de alma, comenzó a arrepentirse y a desear que no hubiera pedido justicia. Vino a mí y me dijo: «¿Qué debo hacer?». Y yo le contesté: «Afírmate en el decreto que has hecho. Tú no eres responsable de las lecciones que tienen que aprender los individuos que te han dañado, de modo que déjales recibir sus lecciones y no permitas que esto te perturbe».

Cuando los seres humanos comienzan a actuar mal, en este momento ponen en movimiento la Gran Ley Universal de la Retribución y no pueden evitar que les golpee esa retribución algún día en alguna parte, del mismo modo que ellos no pueden detener la acción de los planetas. Para la víctima inocente la retribución parece tardar mucho en aparecer, pero cuanto más tarde más poderosa es su acción cuando llega. No hay ningún ser humano que pueda evitar esta Ley.

Muchos estudiantes han creído que algo malo puede serles enviado por otro, pero yo os aseguro que no es así. La única forma es no dar paso a los pensamientos indeseables, dejando así entrar el odio, la crítica y la condenación. Entonces, si se ha hecho esto, habrá generado aquella cosa en que él cree.

Quien conoce el poder de Dios dentro de sí no tiene que temer nada de nadie. Cada uno puede experimentar, si lo desea, la plenitud de la actividad de Dios, en su vida y su mundo. Es sencillamente el hecho de escoger lo que quieras tener. Si deseas Paz y Armonía, conoce esto: YO SOY el poder que lo produce. Si quieres ajustes en tus asuntos conoce lo siguiente: *YO SOY la Inteligencia y el Poder que los produce* y *ninguna otra actividad exterior puede impedírmelo.*

En el aparente misterio de la incesante actividad de la Vida, está la Magna Presencia «YO SOY» siempre dispuesta a bendecirte con gracia inconcebible, si es que se lo permites. ¿Y cómo es que se lo permites? ¡Por la aceptación gozosa de esta Magna Presencia y este Gran Poder en ti! Y no vaciles en invocarla para que actúe aún en los más mínimos detalles de tu diario vivir, no te importa cuán insignificantes te parezcan, pues no hay en el Universo otra energía que actúe a través de tu conciencia, tu mente, tu cuerpo y tu mundo.

Di a menudo en cada cosa que quieres que se haga: *YO SOY la Presencia.* Esto te permitirá abrir el canal para que actúe el Poder de Dios trayéndote lo justo. No tengas conmiseración por lo externo, que en su ignorancia procede mal, así en ti o en otro.

Mantente calmado y sereno, sabiendo que Dios es la única Inteligencia y Poder que actúa en tu mundo y tus asuntos. *YO SOY en ti* es la fuerza y la sanación auto-sostenida, manifestándose en tu mente y tu cuerpo. Esto te mantiene en mayor entonación. Enfréntate a Dios y surgirá siempre la Energía para ordenar cada situación. Las personas que comprenden esta Ley no se encuentran sujetas a la injusticia ni a las condiciones que trata de imponerles el ser exterior de los demás.

Recuérdale esto a menudo a la mente exterior. Asegúrate siempre de que dentro de ti no hay más que la Presencia y el Poder de Dios actuando en ti y en tus asuntos.

Repite en muchas circunstancias que *No hay nada oculto que no me sea revelado* (cuán diferente es este aspecto al que imponen los «ocultistas» al no permitir que se revelen sus cánones). Esta afirmación es muy necesaria. Tampoco olvides que frente a lo que hagan los terceros, la salvaguardia es llenarlos de Amor Divino (Llama Violeta, Rosa, etcétera). Cuando la gente trata de gozar haciendo alguna maldad e injusticia a otro, no lo logran, pues siempre pierden alguna facultad por medio de la cual la hubiera podido gozar.

Los demás tienen el mismo privilegio que tienes tú de alinearte con Dios, y si no lo hacen, eso no es asunto tuyo.

Dios es la Presencia y el Poder Todo omnisciente que sabe y descubre todas las cosas. Tú puedes decir por otro: *Amada Presencia, «YO SOY» en este individuo, invoco tu Poder consciente, tu Perfección, tu Sabiduría y tu Inteligencia directiva a que hagas que todo se le ajuste y que reciba la Paz y el Descanso que tanto necesita. YO SOY la Presencia que manda y dirige que esto sea hecho ahora. Elévale su Conciencia a la Luz incandescente en la cual pueda ver y conocer el Reposo y la Belleza que son suyos por su propia Creación y Servicio.*

Es un error permitir que la lástima nos arrastre a meternos en condiciones muy destructivas. Toma la postura de *YO SOY la Única Presencia actuando allí.*

Para ayudar a aquellos que han desencarnado: *YO SOY la Presencia que mantiene a esa persona en la esfera a la que pertenece, enseñando e iluminando.*

Si el estudiante logra la idea correcta de llenar de Amor a su propio Ser Divino, recibirá alivio total de toda discordia.

Para perfeccionar condiciones di: *YO SOY la Presencia ordenando y sanando esta situación.*

La humanidad en general y los médicos en particular han distorsionado las cosas lastimosamente. El individuo que desea ascender a la Presencia «YO SOY» y vivir allí, necesita la energía que precisamente desperdicia. Los médicos son responsables en mucho de esta terrible condición, porque enseñan y abogan por la exaltación del apetito sexual, que es el mayor canal de desperdicio que tiene la humanidad.

Esto es lo que hace que sea imposible asirse a la Presencia «YO SOY», lo suficiente para lograr la Maestría. Es el 95% de la causa de la vejez, la pérdida de la vista, del oído y de la memoria, ya que estas facultades dejan de funcionar cuando cesa de fluir la corriente de energía vital a la estructura celular de la masa cerebral. Pero esto no lo reciben bien los individuos hasta que lo aprenden a fuerza de golpes. La voluntad no puede nada sin esta energía vital.

Esta energía que el hombre desperdicia es la fuerza que les permitiría unirse firmemente a la Presencia «YO SOY». Es la vida que necesita para asirse a la Presencia de Dios «YO SOY». Cuando el ser exterior ha pasado centurias usando su fuerza vital para crear condiciones erradas, ese desperdicio se vuelve un drenaje abierto y constante contra la conciencia individual.

Sólo hay una manera de cambiar lo que se haya construido por ese canal erróneo, que mantiene al ser atado al mal uso y a la mala manifestación. Cada vez que se presente la ocasión, o la expresión del falso concepto habrá que dirigir el pensamiento instantáneamente al Ser Superior. Muchas personas tienen la creencia de que se puede controlar el deseo sexual por pura fuerza de voluntad obligándose a dominar el impulso, bien sea sexual, de alcohol o de tabaco, drogas o cualquier defecto. Esto no sirve de nada porque lo que se gana es la represión que lo obliga a irrumpir por otro lado. Lo único es cambiar la atención y salir de allí en la forma siguiente: *YO SOY la Presencia que cambia esto y lo cambia ahora, porque la Acción de Dios es siempre instantánea.*

En toda condición errónea lo primero es invocar la Ley del Perdón y la Llama Violeta transmutadora. Acuérdate que al poner en movimiento o energizar algo, instantáneamente actúa. Cuando se usa el «YO SOY» se pone en movimiento el Poder de Dios y éste actúa.

Tal vez uno de los estados más lamentables en que tiene que vivir el ser humano es el llamado «derecho legal» de mantener atado a otro ser a la actividad sexual, cuando éste ya quiere libertarse y salir de abajo. Pues aún en la ignorancia de la mente exterior hay naturalezas que tienen un poderoso desarrollo de la actividad amor. El Amor Puro nunca actúa más abajo del corazón. El Amor Verdadero jamás requiere contacto sexual de ninguna clase. La Gran Ascendida Hueste de Luz está siempre con quienes desean actuar con justeza. Envíales tus pensamientos y recibirás su ayuda.

Tú posees un poder invulnerable e invencible si eres de los que conocen y practican la Presencia «YO SOY».

La Ley del Perdón es la puerta abierta para llegar al Corazón de Dios. Es la nota tonal, es el eje alrededor del cual gira el Universo.

Aquí están los puntos más profundos de esta plática. No los uses para enseñar a principiantes, pues no lo entenderán.

Capítulo XIII

YO SOY la Resurrección y la Vida;
YO SOY la Energía que usas en cada acción;
YO SOY la Luz iluminando cada célula de tu ser;
YO SOY la Inteligencia, la Sabiduría, dirigiendo cada uno de tus esfuerzos;
YO SOY la Sustancia omnipresente sin límite que puedes usar y traer a la forma;
YO SOY tu Fuerza, tu Comprensión perfecta;
YO SOY tu Habilidad para aplicarla constantemente:
YO SOY la Verdad que te da la Libertad perfecta ahora;
YO SOY la puerta abierta a la Luz de Dios que nunca fracasa;
Doy las gracias, he entrado en esta Luz de lleno, usando la comprensión perfecta.
YO SOY tu Vista, que ve todas las cosas visibles e invisibles;
YO SOY tu Oído, escuchando las campanas de la Libertad que tengo ahora;
YO SOY tu Habilidad de sentir la más embriagadora fragancia a voluntad;
YO SOY la totalidad de toda Perfección que desees manifestar;
YO SOY la Comprensión total, Poder y Uso de toda esta Perfección;
YO SOY la Revelación total y el uso de todos los poderes de mi ser que YO SOY;

YO SOY el Amor, el magno Poder motriz detrás de toda acción.

Deseo darles a los estudiantes bajo esta radiación la más cariñosa advertencia de vigilar sus emociones, para que en ningún momento acepten un sentimiento de envidia por los progresos que otro logre. Cada estudiante debe recordarse siempre, sea lo que fuere, que los otros estudiantes no son de su incumbencia, excepto el saber que: *YO SOY la Presencia de Dios allí en Acción.*

El que un estudiante se admire y se pregunte en su mente acerca del progreso que tiene otro, retarda muchísimo su propia evolución y bajo ningún aspecto es admisible.

Cada estudiante debe comprender que su única incumbencia es la de armonizar, apurar y expandir su propia mente y su mundo. Una vez que los estudiantes hayan comprendido que la única demanda imperativa de la *Gran Ley de su Ser* es la armonía de su mente y sentimientos, la Perfección se manifestará inmediatamente. Si esto no es mantenido, no podrán pasar de cierto grado de progreso.

Tan pronto como los estudiantes se den cuenta de esto, y comiencen a usar la Presencia «YO SOY» ordenando la armonía y el silencio de su actividad externa, se darán cuenta de que podrán ver, sentir y ser la Perfección que han deseado tanto. Cuando los estudiantes y amigos tienen un profundo y sincero Amor para cada cual, ese Amor es la más grande bendición y el poder más estimulante. Ésta es una manera de que el estudiante se examine constantemente, para evaluar el poder que está actuando en él.

Si uno se siente crítico, curioso o inarmonioso para con una persona, condición, sitio o cosa, es la señal segura de que el yo externo está actuando, y la actitud a tomar es la de corregirse inmediatamente. Cada cual, en especial los estudiantes, deben comprender que la única cosa que tienen que hacer es sentir, ver, y ser la Perfección en su propio mundo.

Esto es sumamente importante y es la razón por la que estoy remarcándolo tanto, porque cuando los estudiantes empiezan a experimentar manifestaciones poco usuales, al principio tienes a veces la tentación de pensar así: «Puedo usar la Ley mejor que esta otra persona». Esto, lo sabes sin tener que decírtelo, es un error.

No se puede usar por mucho tiempo la afirmación «YO SOY», aun intelectualmente, sin empezar a sentir una convicción más profunda cada vez que: *YO SOY todas las cosas.* Piensa a menudo lo que estas dos palabras maravillosas significan y siempre junta con su uso la siguiente afirmación: *Cuando digo «YO SOY», estoy poniendo en movimiento el Poder de Dios Ilimitado en la expresión con la cual junté YO SOY.* En la declaración bíblica: *Antes que Abraham era YO SOY,* Abraham representa la expresión exterior de la Vida y «YO SOY» es el principio de la Vida, que era la expresión a través de Abraham. Así, había Perfección de Vida antes de que ocurriese manifestación alguna, y así es la Vida sin principio y sin fin.

¡Mi amado estudiante! Mi corazón se regocija muchísimo ante la cercanía con la cual algunos de vosotros estáis sintiendo la convicción de la Majestuosa Presencia, «YO SOY», que sois. Haced lo posible por sentir calmada, serenamente, y si no lo podéis ver de otra manera cerrad los ojos y ved la Perfección en todas partes. Os vendrán más y más pruebas de la maravillosa Presencia de esta Verdad. Oiréis, sentirés, veréis y experimentaréis esa maravilla de maravillas que como niños habéis vivido, y los milagros efectuados.

Han sido escritas descripciones y explicaciones del uso de esta «Poderosa Presencia, YO SOY» para tu beneficio. Tú, que te aferras a la Verdad, llegarás a la acción triple de ver, oír y experimentar estos llamados milagros, hasta que comprendas la forma de producirse, después serán para ti simples verdades que podrás aplicar para siempre una vez comprendidas.

Con todos mis siglos de experiencia, no puedo más que decirte a modo de estímulo que mi corazón se desborda de alegría con tu aproximación a la toma del Cetro del Dominio. ¡Avanza, mi bravo! ¡No vaciles! ¡Empuña tu Cetro de Dominio! Levántalo, porque «YO SOY» el Cetro, la Llama Inextinguible, la Luz Deslumbrante, la Perfección, que una vez conociste: ¡Ven! Déjame sostenerte en mi fuerte abrazo, que donde ha habido dos por tanto tiempo haya solamente uno, «YO SOY». «YO SOY» el Sabio, el Constructor, la Perfección expresada ahora.

Otra vez hablo a los individuos que quieren tener sus problemas resueltos. Hay solamente Una Presencia en el Universo que puede y siempre resuelve cualquier problema, y ésa es la Presencia «YO SOY» presente por doquier. ¡Amado! Déjame decirte con todo cariño: «No es de valor tratar de resolver un problema solamente, pues donde había uno, pueden aparecer una docena, pero cuando sabes que la Actitud Perfecta es entrar en la Presencia «YO SOY» y que ella es el Resolvedor Indiscutible de cada problema, harás que todos los problemas desaparezcan tan ciertamente como Yo te hablo, porque cuando vives en la Presencia «YO SOY» constantemente, calmadamente y con determinación suficiente, en vez de tener muchos problemas donde uno había sido resuelto, habrás entrado en el estado donde no hay ninguno.

Ordeno al poder, con estas palabras de hoy, que lleven a todo el mundo que las oiga o lea la Convicción Verdadera y la Comprensión tras ellas.

Para el Cerebro: «YO SOY el aceleramiento de las células de esta *(mía o tuya)* estructura cerebral, causando que se expanda y reciba la Dirección Inteligente de la Poderosa Presencia Interna».

Debes saber que tienes el poder de calificar conscientemente tu pensamiento del modo que desees a través de la Presencia «YO SOY». No hay nadie que te diga lo que debes hacer porque eres un Ser Libre con Libre Albedrío. Si pudieses estar consciente de cada pensamiento que pasase por tu mente durante seis semanas, y lo mantuvieses calificado con la Perfección, verías los resultados más sorprendentes. Di a menudo: *YO SOY el Maestro Interior gobernando y controlando todos mis procesos de pensamiento, en la Perfección de Cristo, íntegramente como Yo deseo que sean.*

Bendiciendo y sosteniendo a otros en la Luz: Cuando bendices a otros o los visualizas en la Luz, hay una actividad doble de la calidad que mandas. Si haces esto, el resultado automático es una cierta cantidad de protección, pero el pensamiento y la calidad en la Luz y la bendición se registran principalmente en nuestra propia conciencia, y al mismo tiempo intensifica esa cualidad en la persona a la cual ha sido mandada.

Toma la posición eterna de que: *YO SOY lo que quiero Ser.* Debes usar la Presencia «YO SOY» de forma consciente siempre. Raramente, hasta entre los estudiantes, se ha comprendido en profundidad lo que la Presencia «YO SOY» significa. Sólo ocasionalmente ha surgido una verdadera comprensión del «YO SOY», excepto en los retiros de los Maestros Ascendidos. Jesús fue el primero en darle énfasis en el mundo externo. Insisto seriamente que no le des ninguna consideración al elemento tiempo. La manifestación viene instantáneamente cuando le das a la Presencia «YO SOY» la libertad suficiente. Anda, aplica, sabe y deja que la Presencia «YO SOY» se ocupe del elemento tiempo.

Cuando haces un decreto de la Verdad y te aferras a él,

debes recibir. Lo externo no tiene ningún poder por sí solo. Tu deber es simplemente el de saber que la Presencia «YO SOY» está actuando. Algunas veces, sin darse cuenta de ello, el Yo externo está esperando el tiempo de la manifestación.

Yo te puedo comunicar la convicción y el sentimiento de que cuando ordenas en el nombre de la Presencia «YO SOY», Dios Todopoderoso se mueve a la acción. Recuerda siempre que cuando estás trabajando con personalidades, lo estás haciendo con la creación humana externa, y tienes todo el derecho y poder de ordenar su silencio y obediencia, bien en tu propio yo externo o en el otro.

Si pudieses contar hasta diez antes de hablar, lograrías controlar todo el impulso súbito, y tras esto hay una Ley Todopoderosa, que puede ayudar al estudiante inmensamente. Cuando hay un impulso súbito, hay una liberación o abalanzamiento de energía acumulada. Si hay ira, esta energía es calificada de forma inmediata con la ira o con algún tipo de destrucción.

El poder de autodominio diría: *Sólo la Perfección de Dios sale.* Esto manejaría cualquier condición de impulso incontrolado con la cual el individuo lucha. Cuando el estudiante ha dejado salir algo que no es deseable, lo que hay que hacer es consumirlo conscientemente al instante.

El uso continuo de *Dios Bendiga esto,* dirigido hacia las cosas inanimadas, trae asombrosas realizaciones. La manera fácil de ver y sentir la Perfección es calificando cada pensamiento y sentimiento que sale con la Perfección. Cuando viene el impulso de hacer cualquier cosa, instantáneamente califícalo con la Perfección.

Historia de la Locomotora en un pueblecito: El silbato es la advertencia, el «YO SOY» es el control de la locomotora.

El ser humano ordinario no pensaría en atropellar niños

y matarlos. Sin embargo, libera energía mal calificada por medio del pensamiento, sentimiento y palabras, que matan los impulsos más altos en otros. Si tu personalidad no es controlada y gobernada, tiene las mismas cualidades que todas las demás personalidades, pero tu Presencia «YO SOY» es el control perfecto de ella.

No hay nada más trágico en el mundo que una persona que tiene un pensamiento de limitación sobre otro ser humano. Un pensamiento de imperfección dirigido hacia un ser sensible, algunas veces limita a éste por años, y en ocasiones los resultados son muy trágicos. Todos debemos darle a todo el mundo su libertad mentalmente. Si hablas de libertad para ti, asegúrate y dásela primero a cada uno. Cuando hay una condición en otro al que desees ayudar, usa lo siguiente: *YO SOY la Manifestación Perfecta allí.*

El principio de la energía y la sustancia es el mismo. La sustancia tiene energía dentro, naturalmente. El corazón o centro de la sustancia es Acción Inteligente. La Vibración en su estado natural es pura siempre. La Vibración es energía en acción y debe ser calificada.

La pulsación en toda sustancia es el «Aliento de Dios» actuando. Piensa cuando respires: *YO SOY la Energía Perfecta de cada soplo que respiro. YO SOY la Atmósfera Pura de mi mundo.*

Forma el hábito de calificar constantemente tu mundo con la Perfección. El hábito viejo de pensar imperfecciones ha llenado tu mundo en el pasado. Ahora lo importante es ser consciente de que todo el tiempo estás llenando tu mundo con la Perfección. Lo primero que vas a hacer por la mañana es ponerte de pie y decir con sentimiento: *YO SOY la Presencia llenando mi mundo con la Perfección este día.*

No te ocupes de las personalidades.

Asumiendo la posición de: *YO SOY la Perfección ac-*

tuando a través de cualquier funcionario, impulsa el *YO SOY, el Poder y la Acción allí.*

La primera cosa a hacer por la mañana es decir: *Yo califico todo en mi mundo este día con la Perfección porque YO SOY la Perfección. Califico esta mente y cuerpo con la Perfección Absoluta y me niego a aceptar cualquier otra cosa.*

YO SOY el milagro y YO SOY la Presencia precisando su manifestación a través del Amor Divino, Sabiduría y Poder.

Capítulo XIV

FE - ESPERANZA- CARIDAD

Deseo llamar la atención a la Presencia Activa de la FE, la ESPERANZA y la CARIDAD. En esta consideración pensaremos la FE como el Poder Emanador Conquistador; la ESPERANZA es la puerta abierta a través del velo que actúa en la Presencia Pura; la CARIDAD como la determinación de no pensar lo malo, no hablar lo malo, no ver lo malo, no oír lo malo, no sentir lo malo.

Los estudiantes deben vigilar siempre la Actividad Interna de la mente externa y no dejarse engañar por su acción. Esto puede sonar a paradoja, pero no lo es, y tiene más importancia de lo que parece a primera vista. Si un sentimiento de resistencia (de cualquier especie) está acechando la conciencia, arráncalo de raíz, pues sabes que pertenece a lo externo y que a impedir el camino de tu logro mientras no lo arranques.

Mantener una disposición dulce y tranquila ante todas las cosas es la ruta certera hacia el Autocontrol y la Maestría Absoluta, indispensables para el logro de todo lo que desees alcanzar.

Los Maestros Cósmicos, FE, ESPERANZA y CARIDAD: Al llamar tu atención hacia estos tres principios siempre activos en la vida de la humanidad, quiero asegurarte que éstos no sólo son cualidades dentro de ti, sino que son Seres de Gran Luz y avance que también son conocidos como la FE, la ESPERANZA y la CARIDAD. Los estudiantes e individuos que hacen un esfuerzo consciente por cultivar y expandir estas cualidades en sus mundos, obtendrán gran asistencia de estos Seres Poderosos y Conscientes, de cuyos nombres proceden las individualizaciones de estas cualidades. Éstos son Seres Cósmicos, Autoconscientes e Inteligentes cuya acción especial para la humanidad es la de alentar y expandir estas cualidades. Por lo tanto, haz comprender a los estudiantes que esto es más que una frase o expresión de las Escrituras. En este tiempo, estos Grandes han salido del «SILENCIO CÓSMICO» por causa de la necesidad de Fe, Esperanza y Caridad en las mentes y corazones de la humanidad.

La Fuerza siniestra que hubiese destruido la confianza, la esperanza y la caridad en las mentes de todos los pueblos está condenada al fracaso. De una actividad aparentemente mala va a salir un gran bien. Como la fuerza hipnótica que fue generada se ha gastado ella misma, muchos humanos están preguntándose qué los motiva a hacer ciertas cosas. Después de todo, su misma rebelión generará la fuerza que será usada para corregir las condiciones.

DIOS, que es Progreso, no conoce la derrota en nada. Deja que los estudiantes siempre recuerden esto, que les ayudará a mantener la Paz y el Equilibrio de la mente que tanto se necesita.

El Ser Majestuoso «CARIDAD», tiene una fuerza natural consumidora para disolver y aniquilar el odio, la crítica y la condenación y usa los Rayos Cósmicos como la fuerza balanceadora en los éteres de donde los seres humanos sacan su aliento y sustento. Así que, a pesar de ellos mismos, están absorbiendo el Fuego de estos Rayos.

Sabes que cuando una persona se está desmayando, muchas veces uno sostiene las sales o amoníaco debajo de su nariz. Esto es lo que está sucediendo en realidad debajo de las narices de la humanidad. Está respirando ahora en esta Presencia Consumidora. (Pídeles a los estudiantes no discutir este hecho con no-creyentes, pero es vital que ellos lo comprendan.)

Aquí hay algo que quiero enfatizar a los estudiantes seriamente. Hay innumerables medios útiles de asistencia para el estudiante serio y sincero, muchos de los cuales son completamente desconocidos para él, pero no obstante, los aprovechará si su deseo por la Luz es sincero.

Despreocuparse de todo y centrarse alegre y con determinación en esa *Poderosa Presencia Única que YO SOY*, nos proporciona un continuo flujo de victorias. Ningún esfuerzo hecho en el Nombre y Presencia que «YO SOY» puede fallar nunca, pero se debe seguir avanzando de una victoria a otra, hasta alcanzar y poder usar el Cetro de su Dominio Completo.

Deseo alentar y afianzar la conciencia progresiva e importante de la Ley del Perdón. La manera correcta de llamar a la acción la Ley del Perdón es decir: *YO SOY la Ley del Perdón así como la Llama Consumidora de toda Acción Inarmoniosa y de Conciencia Humana.* Esto pone en movimiento la acción completa.

Cuando usamos la afirmación: *Llamo la Ley del Perdón,* no siempre estamos completando la acción, porque necesitamos estar conscientes de quién es y dónde está esa Inteligencia que autoriza que sea llevada a cabo.

Cuando observo a los estudiantes, encuentro importante seguir insistiendo en el uso de la Presencia «YO SOY» frecuentemente, porque ya está haciendo cosas notables para ellos. Mi propio Ser se alza cuando veo entre los estudiantes, cuya atención es mantenida con determinación en la Presencia «YO SOY», cómo se convierten en imanes poderosos de la Luz, y cómo ésta se apresura a envolver a cada uno de ellos, de la misma manera que una madre envuelve a su hijo amado. Si pudiesen ver y darse cuenta de esto por un momento, su determinación surgiría en una *Llama Conquistadora* de la cual no se puede desistir.

El tiempo es oportuno, y Yo te mando a ti y a cada uno de los estudiantes una Esfera Consciente de Luz, envolviendo el corazón y el cerebro de cada uno para que puedan recibir continuamente la Bendición consciente de la Poderosa Presencia «YO SOY». Creo que la mayoría de ellos sentirá esto. Siéntanlo o no, nada puede interferir con esta acción de bendición.

A aquellos benditos que a veces encuentran perturbación en su hogar, les sugiero que usen esta afirmación y la sientan profundamente: *YO SOY la Presencia Conquistadora ordenando la Paz, el Amor y la Armonía en mi Hogar y ambiente.* Cualquiera que use esto con determinación podrá tener una atmósfera armoniosa, apacible y amorosa en su hogar. Algunos necesitarán actuar con mucho ímpetu para experimentar su acción continua. Muchas veces obtendrán resultados inmediatos. Elaborar esto en la conciencia es reconocer la Presencia «YO SOY» como el Poder Gobernante en sus hogares, porque es naturalmente la Presencia Gobernante.

Si los estudiantes, e individuos en general, que tienen dificultad en mantener el Autocontrol, permanecen en silencio durante cinco minutos, sintiendo profundamente y pensando para sí mismos: *YO SOY Amante Caridad,* encontrarán un sentimiento de gran alivio.

Para los desmayos: Sabes que el individuo nunca se desmaya; solamente la personalidad hace esto. Por lo tanto, si alguien que tiene este hábito toma la posición determinada de que: *YO SOY la Presencia dominante que prohíbe esta tontería y mantengo el control de mi Mente y mi Cuerpo eternamente,* lo controlará para siempre.

Cuando comienza a sentirse el más pequeño síntoma, rápidamente se hace conciencia de que: *YO SOY la Presencia dominante y Mantengo mi Conciencia aquí.* Ha de comprenderse que al ordenar la Presencia «YO SOY» se tiene el Control Absoluto del cuerpo. Mientras más se use esto, con más rapidez se hará la manifestación.

Pregunta: *Si el Gran Sol Central es el Centro Corazón del Infinito, ¿dónde está eso que es el Centro Cerebro?*

Respuesta: *En el estado puro, en el Infinito como en lo Finito, donde no hay imperfección, la actividad del cerebro y del corazón se convierte en UNO, porque la fuerza motriz de toda actividad que sale es AMOR DEL CORAZÓN. Por lo tanto, en el Estado Puro, el corazón y el cerebro son sinónimos porque el AMOR, la SABIDURÍA y el PODER están contenidos en el AMOR DIVINO.*

La Energía Infinita está siempre presente esperando ser usada, pero actúa en la Vida de un individuo solamente bajo el Mando Consciente de éste. Se llega a un progreso tal que las cosas ocurren tan rápido que parece que son automáticas, pero no es así.

Absolutamente, sólo hay un camino hacia la Maestría Autoconsciente y ése es el de la Dirección Consciente de la Energía Eterna hacia todo lo que desees. Esto nos lleva ahora hacia otro punto vital.

El deseo es una acción indirecta de la atención, pero el deseo sostenido por el uso determinado de la atención, es causa de que éste se convierta en una manifestación invencible. Esto te dará una idea leve de cuán importante es que la dirección consciente vaya unida al deseo. El uso consciente de la *Presencia YO SOY* lo mismo que el uso dirigido conscientemente de esta Energía hacia un logro, debe ser siempre un esfuerzo jubiloso. Nunca y bajo ningún aspecto debe ser como un trabajo o una tensión, porque cuando decretas: YO *SOY la Presencia, la Inteligencia, dirigiendo esta Energía hacia un propósito determinado,* estás poniendo la Ley en movimiento de una manera perfecta, fácil, calmada y no necesitas de ningún esfuerzo como el de «tirarse de los pelos». Por lo tanto, siempre debe ser un procedimiento calmado, sereno y determinado. Debe entenderse que el estudiante nunca elige al Maestro, sino que es el Maestro quien elige al estudiante, y si éste lo comprendiese así, los resultados aparecerían antes. Para contactar los Maestros Ascendidos usad: *YO SOY la Presencia preparando el camino y trayendo el contacto visible con los Amados Maestros Ascendidos.*

Con el uso de la Presencia «YO SOY», tienes el dominio completo y el control ilimitado sobre todas las condiciones perturbadoras. Cuando hablas en la Presencia «YO SOY», estás haciéndolo en la «Presencia» que el Ser Ascendido ES. Debes comprender profundamente que cuando dices: *YO SOY* éste es el Poder de DIOS completo actuando y que no conoce fracaso alguno.

Capítulo XV

De la Gloriosa Plenitud de la Luz y de la Sustancia Omnipresente de Dios, sale la abundancia de todas las cosas.

El estudiante suficientemente fuerte y firme para sostenerse sólo con su *Poderosa Presencia YO SOY*, que nunca divide la Presencia y el Poder de Dios ni un instante, se encontrará ascendiendo constantemente hacia esa *Poderosa Perfección*, por siempre libre de todo sentido o reconocimiento de cualquier limitación.

El estudiante que puede mantenerse indiviso dentro de esta *Poderosa Presencia*, es muy afortunado. Para beneficio de algunos de los estudiantes que son muy sinceros y, sin embargo, están dejando, sin saberlo, que su atención se aparte de esta *Presencia Íntegra*, deseo exponer algunos hechos sin ninguna intención de inmiscuirme en el libre albedrío del individuo. Los documentos que citaré están en nuestra posesión y cubren estos últimos cien años.

Deseo hablarte hoy sobre el engaño de la astrología.

Ningún ser viviente puede prestar atención a la astrología y, al mismo tiempo, entrar en la Presencia del «YO SOY» y quedarse ahí. Por debajo del uso presente que se hace de la astrología, está el deseo humano y la oportunidad de justificar y gratificar los deseos externos. Déjame exponerte un hecho aterrador, que está en nuestros archivos: «No se ha conocido ninguna cosa o fase de estudio que haya causado más fracaso y más crímenes indirectos, que el engaño presente de la astrología».

En años recientes hubo en la ciudad de Chicago un estudiante espléndido de Metafísica que, aceptando conscientemente el engaño de su horóscopo, fue impulsado a suicidarse.

Lo que más necesita la humanidad, y los estudiantes por encima de todo, es la roca firme y la conciencia de la Poderosa Presencia «YO SOY» pues sobre ella se permanece a salvo y libre de los abismos que constituyen las maquinaciones externas. Los estudiantes no necesitan saber los decretos negativos de una muerte futura o la llamada fuerza de la mala estrella del destino; sólo deben dar crédito a la *Invencible Presencia YO SOY que lo impregna todo*, la cual es la única y toda la Vida de tu Ser, hacia donde tu atención necesita ser dirigida y mantenida firmemente.

En la Presencia «YO SOY» no hay altura alguna que el estudiante no pueda alcanzar, pero si distrae su atención con la astrología, numerología y las muchas «logias» de hoy, no habrá abismo en donde no caiga.

El uso presente de la astrología no se parece en nada al que tenía centurias atrás. Entonces no transmitía declaraciones negativas de ninguna especie. El gran daño de la atención fijada en ella es que los estudiantes aceptan las declaraciones negativas mucho más de lo que ellos desean admitir. La fuerza siniestra negativa generada por la humanidad en el mundo, siempre se vale de cosas como éstas para obtener y sostener la atención, especialmente la del estudiante que está progresando, y, así, mantenerlo en lo que lo tira hacia abajo en vez de ascenderlo.

Donde hay un horóscopo que indica la muerte de alguien, varias mentes se fijan en esa idea e indirectamente se comete un verdadero crimen, tan sutil, que los individuos se horrorizarían si se les demostrara que ellos tomaron parte en él; pero ésa es la verdad.

Si pudieses ver por un día, desde el Gran Punto de Vista Interno, la fuerza destructiva generada y usada a través del uso presente de la astrología, huirías de ésta como de una víbora venenosa que espera morderte para introducir la muerte en tus venas.

Yo te digo, amado estudiante, en el nombre de tu Luz y Progreso y de Todo Progreso, que permanezcas dentro de tu propia Poderosa Presencia «YO SOY». No dejes que tu atención sea captada o dividida por ninguna cosa externa, si deseas evitar la rueda de la encarnación indefinidamente.

Del GRAN AMOR de mi corazón —viendo y sabiendo desde el Punto de Vista Interno, lo cual tú no puedes hacer todavía—, Yo insisto en que evites todo lo que tenga sabor a una expresión o condición negativa. Entonces ascenderás en las Alas de tu «Poderosa Presencia YO SOY» a la Libertad y Bendición Eterna de la Luz Perfecta, Eterna e Ilimitada.

Como dije, no deseo de ninguna manera inmiscuirme en tu libre albedrío, pero las puertas de la Libertad Eterna están abiertas ante ti si crees en la verdad que he manifestado, que te ayudará a entrar por esas puertas y recibir la Bendición Eterna de la Luz, que te espera para envolverte.

Si hay condiciones en tu Vida, hogar, medio ambiente, de las cuales te quieras deshacer, ordena, a través de la Presencia «YO SOY», que sean disueltas y consumidas ante su Poderosa Luz y Poder.

Amado estudiante que te encuentras bajo esta radiación: no volveremos a tratar otra vez contigo este punto; que la Presencia «YO SOY» dentro de ti te capacite para ver la Luz y la Verdad de lo que te he dicho. He visto dentro de ti la Luz Gloriosa que puede ser acelerada a una

Radiación Deslumbrante, que te permitirá expresar la Perfección. Por tanto, te he ofrecido mi humilde asistencia por mi propia voluntad, pero si la personalidad persiste en dejar que la atención se pose en otra cosa que no sea la «Poderosa Presencia YO SOY» que sé que es la más Poderosa y la sola Presencia Elevadora y Resolvedora de todos los problemas, entonces mis humildes esfuerzos habrán sido en vano.

Te aseguro, amado mío, que has llegado a un punto desde donde tienes que ir para arriba o para abajo. Con tu atención determinada y reconocimiento mantenidos constantemente en la Poderosa Presencia «YO SOY», no hay condición, fuerza o Presencia en la Tierra o en el cielo que pueda impedir el logro maravilloso y glorioso de la Libertad eterna y la Perfección.

Si no tienes dentro de ti eso que causa el sentir y que te habla del *Gran Amor Divino* que me capacita para expresarte esta Verdad para tu protección, entonces tenemos que esperar hasta que la Verdad de Ello aparezca dentro de ti.

Una vez que los estudiantes e individuos hayan aprendido y reconocido la Poderosa Presencia «YO SOY» y después dejen que su atención sea atrapada o puesta en cosas externas, sea consciente o inconscientemente, lo cual tiene poca diferencia, estarán dando la espalda deliberadamente a la *Presencia* que es la Fuente de su Ser y Vida dentro de ellos. Yo declaro con todo el Amor de mi Ser que: *YO SOY la Presencia* que los capacita para ver y sentir esta Verdad y mantenerse junto y dentro de Ella, por amor a tu maravilloso progreso propio.

Quienes se mantengan firmes y lo suficientemente convencidos de esa Poderosa Presencia, encontrarán abundantes pruebas que vendrán a su experiencia por medio de su Poder e Inteligencia Ilimitada.

¡Amado estudiante!, muchas manos de la Hueste Ascendida están extendidas hacia ti para darte su asistencia en cuanto puedas mantener tu atención indivisa en la *Presencia Activa de Dios en ti* y resistas firmemente la influencia de toda apariencia externa.

La Verdad es Poderosa y Prevalece. Siente Su Presencia Majestuosa todo el tiempo. Es un error que el estudiante sienta desilusión porque cierta cosa en la que ha trabajado no se manifiesta instantáneamente, cuando todavía él no ha generado el Gran Poder y la actividad suficiente para producirlo rápidamente. La atención siempre tiene que estar en el «YO SOY» solamente.

Supongamos que Yo decretase: *YO SOY la Poderosa Presencia YO SOY en Acción*, y después, una hora más tarde, dejase que mi atención se fijase en un horóscopo desfavorable o en una condición externa que indique alguna clase de desastre. ¿No ves cómo eso anularía el decreto, que desencadena el Poder de Libertad, hecho por mí?

Jesús dijo: *No podéis servir a dos Maestros.* Esto quiere decir que no puedes dividir la atención —porque debes detenerte, mirar y escuchar—. Yo te digo: Tú no puedes progresar, si le das poder a otra cosa que no sea tu *Poderosa Presencia YO SOY.* Desafortunadamente, lo que pasa con muchos estudiantes es que no se aferran con firmeza a la *Poderosa Verdad de su Ser* el tiempo suficiente para ganar el impulso y la fuerza necesaria para mantenerse inmóviles ante el tirón de la sugestión y la apariencia externas.

Lo extraño para mí es que cuando la atención del estudiante ha sido entregada al *Poder Todopoderoso de la Presencia YO SOY*, que es el *Único Principio Activo de Vida* que tiene *Dios en Acción* dentro y a su alrededor, no puede ver que cuando su atención se fija en las cosas externas, está dividiendo el poder y está retardando la actividad magnífica y la realización, que de ser de otra manera, la *Presencia YO SOY* atraería. Sin embargo, habiendo pasado por lo mismo, tenemos la paciencia infinita para esperar hasta que el Amado Estudiante pueda empuñar su Cetro del Dominio de esta *Poderosa Presencia YO SOY* y sostenerlo.

Puedo traerte documentos de las cosas más aterradoras, de los crímenes que día a día se han ido cometiendo a través de la sugestión de la astrología. La sugestión dada pone la Ley en acción para cumplirla. Cuando tu atención está en algo, le pones instantáneamente el poder dentro de ti. Si los astrólogos no paran de mantener el pensamiento de muerte sobre Fulana de Tal, por ejemplo, ella morirá. Esto es criminal. Ella es un hijo de Dios y tiene derecho a vivir aquí todo el tiempo que se haya decretado. Hay crímenes mucho peores que el asesinato físico, que no tienen ni punto de comparación porque son cometidos deliberadamente por gente que sabe lo que está haciendo. Hay una acción certera, infalible de la Ley, y es que quienes hacen cosas deben pagar la penalidad de una experiencia similar.

Para sugestiones negativas de otros, di: *YO SOY la Presencia anulando todo esto para que no pueda afectar ni a mí, ni a mi hogar o mundo.* Disipar conscientemente algo que ha sido dicho en tu presencia es la cosa más fácil del mundo. Di simplemente: *YO SOY la Única Presencia actuando aquí.*

Para cualquier cosa que no desees continuar, di: *A través de la Presencia que YO SOY esta cosa cesará ahora y para siempre.* Actúa como si fueses a chocar contra una pared para derrumbarla. Cuando realmente sientas y estés resuelto a hacer algo, liberas el poder que hace la cosa. Trata de darte cuenta del Poder Ilimitado a tu servicio.

En la vista y el oído está el sentimiento porque podemos oír y ver sin necesidad de usar ni las facultades de la vista ni las del oído.

Cuando uno se pone furioso, instantáneamente agujerea otras esferas de esa misma calidad y una acumulación de la misma especie se filtra vertiginosamente. Los celos son el canal abierto a través del cual se precipita toda clase de actividades destructivas. Las cosas que se hacen conscientemente tienen mucho más poder. Cuando la energía es liberada, actúa porque el individuo la ha puesto en movimiento y no establece diferencias entre el rey y el limpiabotas.

Cuando los sentimientos son excitados, están aceptando ese instante. Puedes sentarte a escuchar una conversación destructiva sin ser afectado mientras controles el sentimiento en el plexo solar. Ninguna cosa puede entrar en tu mundo mientras no sea invitada.

Nada bueno ha salido nunca del juego. La señora X, en un tiempo tuvo un maravilloso poder e influencia en torno a ella; empezó a jugar, y no sólo perdió su poder, sino todo su dinero también. ¿No es mejor mantenerse en la *Presencia YO SOY* que en un canal de juego? Cualquier cosa que atrae tu atención es una actividad sutil de lo externo para arrancarte la libertad.

Para obtener libertad financiera: *YO SOY las Riquezas de Dios fluyendo a mis manos y uso que nada puede detener.*

Di con frecuencia: *La Presencia YO SOY gobierna todo canal existente en manifestación. Lo gobierna todo.*

Experiencia de un estudiante: El estudiante había oído y visto una explosión de Luz, mientras el cuerpo físico dormía. Si hubiese dicho conscientemente cuando oyó la explosión: *Absorbo en mi mente y mi cuerpo la fuerza de la explosión de Luz,* hubiese recibido sus beneficios. En tales experiencias, lo importante es que el estudiante esté alerta para que en toda manifestación sea consciente de la absorción de su Poder. Alégrate que el Poderoso poder de la *Presencia YO SOY* actuando te dé Su Fuerza y Poder.

Ordena a la memoria exterior que retenga y traiga a la conciencia externa todo lo que desees saber. Cuando usas la *Presencia YO SOY* has puesto la Ley en movimiento y no puede fallar.

Dios actúa solamente a través de la conciencia de los individuos; si fuese de otra manera, Él no los tendría aquí. Dios puede actuar en el mundo físico solamente a través de sus individualizaciones, y hasta toda la naturaleza está gobernada por la Inteligencia Individual: el suelo, las plantas, todo en absoluto.

Toda la fuerza y la energía que se necesita para un propósito dado está omnipresente, cuando es liberada por la *Presencia YO SOY.* Por lo tanto, a través del uso de la *Presencia YO SOY* puedes liberar poder del cual todavía no tienes concepción alguna.

Durante la Gran Guerra de 1914, cuando Foch pronunció la frase: «¡No pasarán!», liberó el poder por el cual el decreto fue cumplido. Había estado rezando por más de una hora, y cuando salió estaba tan cargado con esa energía que al pronunciar la orden, ésta se convirtió en la *Presencia Gobernante,* en la condición atmosférica en torno de él y *Dios actuó.* Las palabras «¡No pasarán!» forman un decreto. Éste es dinámico, poderoso, real y suelta su tremendo poder. Sólo hay Un Poder que actúa. Dale completa libertad.

Mantente con Él y deja que actúe. Mantente en Él y con Él. No hallarás ningún otro poder para actuar. Avanza constantemente, como un glaciar que baja de la montaña. Tú vas hacia delante firmemente y estás ganando un ímpetu al que nada puede resistirse. Es un empuje, un poder y medio de realización infalible de todas las cosas buenas. Éste es el único camino para el dominio permanente.

Para limpieza usa frecuentemente: *YO SOY la Presencia aquí que mantiene mi ropa y hogar inmaculados.* Después de un tiempo la fuerza se convierte en tan poderosa, que consume o repele instantáneamente cualquier cosa no deseada. Mientras más conscientemente actúes en una cosa, más concentrada se vuelve ésta.

Cuando dices: *La Presencia que YO SOY, carga esta cosa con Poder, Energía, Amor, etcétera,* puedes cargar el agua tan poderosamente, que ésta hervirá con el poder de la energía concentrada allí. No dejes que nada pregunte en tu mente si la orden funcionó o no.

Cada vez que ordenes, di: *Yo sé que está actuando con todo Poder.*

Debes saber:

Lo que YO SOY significa.
Lo que YO SOY es para vosotros.
Lo que YO SOY es para ti.
Lo que con YO SOY puedes hacer.

Comprende esto y aguántate firmemente con determinación inflexible.

Dentro de ti se encuentra la fuerza y el poder necesarios para hacer esto y si te mantienes en esta Poderosa Presencia «YO SOY», te será dada gran asistencia.

Capítulo XVI

DÍA DE ACCIÓN DE GRACIAS

Rayo personal de Jesús y otros rayos creados

La primera actividad es la de los Rayos divididos saliendo a la individualización, a la expresión visible. Cuando hablo de la expresión individual o visible, uso ese término por la actividad física, no es que ésta no sea siempre visible, porque lo es; pero para aquéllos en la forma física, hablo de ello como visibilidad.

Así pues, verás la naturaleza de tu Ser como Rayos de Luz que eres, como la Cualidad Natural de la Vida que tanto deseas. Se acerca rápidamente el día en el que muchos, muchísimos estudiantes empezarán a echar mano de los Rayos de Luz de los cuales forman parte, especialmente el Rayo de la Visión y de la Luz.

Incluso en el mundo físico de hoy se están descubriendo propiedades y usos de estos rayos. Éstas son actividades que, aunque extrañas para la actividad visible, son naturales para la *Presencia Interna.* En verdad que es rudimentaria la forma de uso de estos Rayos en el presente; pero se requiere solamente otro paso para llevarlos a través del velo.

El poder de la *Presencia e Inteligencia YO SOY* para usar estos Rayos será siempre infinitamente más poderoso que cualquier plan mecánico en el que están siendo usados. Sin embargo, para el estudiante que aún no ha encontrado la habilidad para usar estos rayos, la experiencia del científico será un estímulo maravilloso para descubrir la asombrosa habilidad que tiene el individuo para usarlos.

Es muy importante saber que hay Rayos Naturales que penetran a través de la atmósfera o cinturón etérico dentro de la atmósfera de la Tierra. Al decir naturales, me refiero a los Rayos proyectados por la Divinidad o Gran Sol Central, que en años recientes han sido hechos permanentes.

Después están los Rayos Creados, que fueron creados y proyectados por la Hueste Ascendida, por los que han ascendido en cuerpo. Estos últimos son los más potentes de todos los Rayos porque son manipulados conscientemente.

Los Rayos que los científicos están contactando son los Rayos Naturales, que tienen una cierta potencia natural. Es muy necesario, como ha sido expuesto en la *Presencia Mágica*, la preparación de estudiantes ansiosos, que pueden ser elevados e instruidos en el uso de estos rayos. Entre vosotros hay los que pueden hacer esto, y como estáis preparados con una constancia determinada a la Luz, os será revelado mucho más de la Ley en lo concerniente al uso de estas fuerzas potentes.

Siento una alegría inmensa en las posibilidades que tienes tú y otros estudiantes. Confío que hallarás dentro de ti esa fuerza y determinación constante para asirte fuertemente al trabajo externo e interno que se está haciendo para ti, con un sentimiento alegre de seguridad en los poderes ilimitados, que la verdadera libertad trae.

De tiempo en tiempo he procurado darte una palabra de aliento y, a través de ella, envolverte en la radiación de fuerza que es audaz e intrépida en la Luz. La amorosa quietud gozosa en la actitud de los estudiantes es maravillosamente alentadora, porque la actitud expectante es la actitud correcta que ha de ser mantenida.

Sugiero que quienes están teniendo experiencias desagradables, retiren conscientemente todo poder que han estado dando a estas condiciones, sin saberlo. Cuando es necesario discutir alguna condición para comprenderla, seguidamente retiren de inmediato cualquier poder que les ha sido dado y después sepan que: *YO SOY la Presencia Armoniosa que prevalece siempre por encima de cualquier cosa que la condición sea.*

Repetiré otra vez algo que he insinuado con anterioridad, pero que sólo ha sido absorbido parcialmente: *Cualquiera, en especial el estudiante, que ha experimentado inarmonía o limitación en su mente, hogar o mundo, puede con un esfuerzo persistente y sin tensión —agarrándose con determinación al decreto siguiente— mantener su hogar libre de cualquier cosa indeseable: YO SOY la Presencia gobernante dirigiendo en perfecto Orden Divino, comandando la Armonía, la Felicidad, y la Presencia de la opulencia de Dios en mi mente, mi hogar y mi mundo.*

Cuando digo: *YO SOY la Presencia gobernante*, tengo la completa certeza consciente de que he puesto en movimiento todo el Poder y la Inteligencia de Dios para producir las condiciones deseadas y que éstas serán autosostenidas.

Me parece que no has comprendido claramente que cuando usas la expresión: *YO SOY la Presencia en mi mente, hogar y mundo,* no solamente estás ordenando a la *Presencia Conquistadora* de esta actividad a través de tu propia conciencia, sino que también estás invocando la asistencia de la Presencia de Dios o «YO SOY», en el hogar y mundo de aquel que lo contacte.

Esto es primordial que el estudiante lo comprenda. No te desanimes si no ves la manifestación inmediata de esta armonía que deseas, sigue sintiendo la Presencia Conquistadora «YO SOY». ¿No ves que cuando estás en esta Conciencia, solamente la Presencia de la cual estás consciente actúa? Toda otra actividad de lo externo que no es deseable, es solamente una actividad distorsionada de esta Magna Energía. Por lo tanto, cuando digas: *YO SOY la Presencia Conquistadora, yo ordeno a esta Presencia YO SOY que gobierne perfectamente mi mente, hogar, asuntos y mundo*, has lanzado el Decreto más grande que se puede hacer, y sólo tienes que sentir el poder sostenedor de esto cuando te enfrentes a cualquier apariencia. Así encontrarás la *Perfección* manifestada en tu mente, hogar y mundo.

Deseo que leas cada día esta parte especial para que mantengas ante ti la Verdad Poderosa que sustenta estas afirmaciones.

Ahora llegamos a un punto vital: el del Rayo o Rayos Personales enviados por Jesús directamente. Muchos preguntarán: ¿por qué Jesús en especial? Yo respondo: Porque la humanidad ha sido enseñada a fijar su atención en la Presencia de Jesús el Cristo, y muy pocos tienen el conocimiento de la Hueste Ascendida de los Grandes Maestros de la Gran Hermandad Blanca, que manejan el poder ilimitado.

Tendrás el Rayo Personal de Jesús el Cristo durante las próximas siete semanas. Quienes puedan dejar de lado cualquier pensamiento de otras personalidades y con los brazos abiertos, hablando mentalmente, acojan estos Rayos dentro de la mente, hogar y mundo de cada uno, podrán encontrar casi cualquier cosa posible.

Yo te aseguro que la idea de estos Rayos Personales de Jesús el Cristo no es una cosa imaginaria, y tú, nuestro Amado Mensajero, tienes las gracias personales de Jesús el

Cristo, por tu posición osada y el uso de la Presencia Ascendida de Jesús-Cristo.

Así como el Mensajero ofrece riquezas y sabiduría y verdad, así deben los estudiantes, en su amante sinceridad al Maestro y a través de la Presencia «YO SOY», trabajar por la salud y prosperidad de los Mensajeros. Esto abriría puertas al estudiante, que de otra manera no sería posible.

Hay indicaciones de que algunos recibirán próximamente revelaciones sobre cierto uso de Luz Líquida. Deseo que fijes la atención en esto, para que si estás preparado, puedas recibirlas. Déjame decirte que tu actitud correcta es la de regocijarte siempre del adelanto de tu hermano o hermana, porque cada individuo recibe lo que necesita más en ese tiempo determinado, y si uno recibe una cosa, otro puede recibir otra. Por lo tanto, en ningún momento debes sentir que has de tener la misma cosa que otra persona reciba (me refiero en cuanto a revelación). Como no hay dos personas iguales o en el mismo grado de adelanto, se comprende que cada uno no puede recibir la misma cosa al mismo tiempo que otro.

La actitud más maravillosa del estudiante es la de bendecir continuamente y alegrarse de cualquier revelación que le venga a su compañero, manteniendo así la puerta abierta constantemente a esa Gloriosa Presencia Interna.

Las llamadas mentes prácticas sienten que no hay nada real a excepción de lo que puedan sentir y palpar, pero no se puede de ninguna manera recibir nada de gran magnitud de su Presencia Interna Poderosa a menos que uno crea en los Poderes y Leyes Ilimitados de la Inteligencia de Dios Individualizada.

La mente práctica que duda siempre de las cosas que no puede ver debe recorrer todavía un largo camino, a menos que corte las dudas de la misma manera como se poda la rama indeseable de un árbol. Sabes que es una buena idea, después que esta rama ha sido cortada, que la consumas en la *Llama Consumidora,* para que no vuelva otra vez. Parece difícil que el estudiante se dé cuenta del tremendo poder que es la conciencia de esta Presencia Consumidora. Para algunos es difícil alejar de su pensamiento que es imaginaria, pero si ellos pudiesen ver desde el punto Interno, verían que Ella tiene una Presencia y Poder Poderosos y son muy reales.

Deseo que durante dos minutos sientas este Rayo Deslumbrante de Luz penetrando en cada átomo de tu Ser.

Hay ciertas actividades que deben ser contactadas por la Presencia Interna antes que la atención externa se pose en ellas. Esto es difícil de comprender para el estudiante. Éste tiene primero que penetrar y sólo puede hacerlo a través de su Presencia Interna.

Una cosa muy simple, pero maravillosa, es la de bendecir cada noche y mañana a esa Presencia Magnífica de Vida que anima la mente y el cuerpo. Es una cosa tremenda sentir en profundidad esta acción de gracias por la Presencia de la Vida, que contiene dentro de sí misma todas las cosas. Sólo tienes que estar agradecido a la Vida por todo lo que Ella es y contiene. La misma Presencia de la Vida nos capacita para hacer las cosas de las cuales estamos conscientes y deseamos hacer, porque no podemos movernos sin esta Presencia, no podemos ni pensar sin ella. Si uno tomase este decreto: *YO SOY la Presencia pensando a través de esta mente y este cuerpo*, recibiría ideas notables.

El cerebro es el primer lugar donde la obstrucción empieza a registrarse, porque ése es el punto de contacto con ideas falsas, las cuales se registran rápida e intensamente en la estructura del cerebro, porque ése es el campo de la actividad atómica. Sin embargo, la atención sostenida en la Presencia «YO SOY» libera el Poder de la Perfección que está dentro del electrón en el centro del átomo de tal manera que las falsas ideas y la obstrucción a la Luz se disuelven simplemente y desaparecen.

Pregunta: ¿A dónde vas?

Respuesta (Saint Germain): A la ciudad Dorada.

«Desde ahora hasta dentro de tres semanas después de Año Nuevo, es tiempo de gran regocijo en la Ciudad Dorada porque da una gran oportunidad para transmitir al mundo físico, a través de la Luz y de los Rayos del Sonido, su propia Radiación Poderosa. Si la humanidad pudiese comprender y apreciar este hecho, cosas notables pudieran ocurrir, pero eso no impide que los individuos que lo puedan captar reciban su beneficio extraordinario.»

Alejar por completo la mente de cada personalidad es la cosa más simple si los estudiantes lo pudiesen comprender y aplicar. Solamente tienen que saber: *YO SOY la Única Presencia allí.* Esto abrirá las puertas ¡oh, tan anchas!

El Amor y la Invocación a un Ser Ascendido capacita para que la radiación sea dada, y no es posible que ocurra de otro modo.

Uno no puede interferir por mucho tiempo en el progreso o crecimiento de otro. Porque si el que obstruye no suelta y relaja su influencia sobre el otro que está listo para ir más arriba, el que obstruye será desplazado por su propia acción. Si uno continúa asiéndose constante y sinceramente a la Luz, las personalidades serán barridas o desconectadas armoniosamente del mundo del individuo.

En este estado de crecimiento es necesario saber: *YO SOY la Presencia Activa de todos los canales de distribución de todas las cosas actuando para bien mío.* Cuando el pensamiento viene de que: «Esto es todo lo que tengo», córtalo de raíz y di: *YO SOY la Opulencia de Dios en mis manos y uso hoy.*

Esto debe ser mantenido como un Silencio Sagrado

dentro de cada individuo. Toma esto como una sabiduría sagrada y reverente para ser usada. Cuando tomes del propio «YO SOY», es imposible que tomes nada que justificadamente pertenezca a cualquier personalidad.

Estás decretando para tu mundo, así que no puedes tomar de nadie cuando sabes su propia Ley: *YO SOY la Presencia actuando en todas partes.* No hay posibilidad de división de la Presencia «YO SOY».

Si necesitas dinero, di: *YO SOY la Presencia Activa, trayendo este dinero a mis manos y uso instantáneamente.* Es muy valioso alejarse de la importancia del dinero. Éste es solamente un medio de intercambio. No le des poder; pon todo tu poder otra vez con Dios y después cuando ordenes, no importa lo que quieras, tendrás todo el poder instantáneamente a la mano para atraer el cumplimiento del decreto.

La vibración dentro de cualquier elemento es siempre el Aliento de Dios, autosostenido eternamente. Toda pulsación es el aliento de Dios. La conciencia simple de que: *YO SOY la Presencia de la salud perfecta,* es este aliento de Dios actuando.

YO SOY la Presencia del Perdón en la mente y el corazón de cada uno de los hijos de Dios, de lo que emana una acción vibratoria enorme. Mantén lo siguiente con intensidad: *YO SOY la Mente Pura de Dios.*

Capítulo XVII

Cuando estés lo suficientemente fuerte como para soportarlo, nosotros te traeremos, en forma descriptiva, una de las más estupendas expresiones de la utilización correcta e incorrecta de esta *Poderosa Presencia YO SOY.*

Esta experiencia real tuvo lugar en lo que son ahora las montañas de Los Andes, en América del Sur, en un tiempo muy remoto, cuando los hijos de Dios empezaron a olvidar, por primera vez, su origen y comenzaron a reclamar la Energía Poderosa de la cual ellos estaban conscientes como cosa suya.

Los estudiantes y el género humano tienen solamente un pobre concepto, hasta en la angustia que ellos se han creado, de cuán poderosamente fue usada esta fuerza en un tiempo para motivos egoístas. No se ha conocido nunca una condición anterior similar. Todavía quedan vestigios de la ciudad subterránea, que describiremos, y en la cual ocurrió esto.

¡Oh, que los hijos de Dios despertasen a la actividad estupenda del uso de los Poderes de la Luz para el bien de la humanidad, cuando su atención esté concentrada sinceramente en Esa Luz!

Si los muchos estudiantes de los varios ángulos de la Verdad en la Tierra pudiesen hoy en día alejar la ignorancia de la mente externa y creer en los milagros aparentes de todos los tiempos, se rompería el cascarón del Yo exterior y dejaría entrar la Luz. La fe de creer en las cosas que no se ven, es uno de los mejores medios para abrir la puerta a la actividad consciente de la *Luz de la Presencia YO SOY.*

De la misma manera que usas el automóvil y el avión para cubrir las distancias rápidamente, así la *Gran Presencia YO SOY* usa el cuerpo, que representa el avión, y la mente su motor poderoso, a través de la cual la *Presencia YO SOY* lo propulsa.

Estoy seguro de que los estudiantes no han comprendido la forma sutil que adopta la duda. Plantearse uUna pregunta en la mente, a sabiendas o no, concerniente al Todo poder de la *Presencia YO SOY* es una forma sutil de duda. Los que quieren o tratan de discutir la cuestión de la realidad de la Gran Verdad de la Vida lo crean o no lo crean, están admitiendo la duda en sus vidas.

Hoy en día, ninguna mente racional y sincera, una vez que haya dado vuelta a su atención, y la haya fijado firmemente en la *Presencia YO SOY,* puede discutir, dudar o interrogar la Omnipotencia de esa Presencia «YO SOY».

La duda, escasamente reconocible, que deja entrar en la mente argumentos concernientes al Origen de su Ser, es solamente una falta de fortaleza para alzarse en contra de la Ley de la Resistencia, fortaleza por medio de la cual se mide el crecimiento de lo externo.

Hay una diferencia muy grande entre lo que es un razonamiento sincero para conocer la Verdad y la tendencia humana a discutir en contra de la misma realidad que ellos quieren creer. Siempre damos la bienvenida, seriamente, a la interrogación sincera de la Verdad, pero no tendremos nada que ver con aquella naturaleza cuya tendencia dominante es la de discutir contra la Realidad de la Verdad. Mientras más se admita la discusión de la Verdad en la Vida de un individuo, más grande será la barrera que éste construya para después tener que vencerla ese día distante en el que la tendrá que superar.

Los estudiantes que critican, condenan, o se sientan a juzgar este canal de expresión de la Verdad, se encontrarán parados al borde de un precipicio, al cual caerán en cualquier momento, sin otra causa que la de su propia creación.

Deseo que todos comprendan que este resplandor de la Luz ha sido establecido con cierto propósito definido, y seguirá haciendo su trabajo, prescindiendo de cualquier personalidad o de todas las personalidades que existan. Digo esto abiertamente para que los estudiantes de esta Radiación puedan comprender que están tratando con fuerzas Poderosas, que son tan Reales como la misma realidad. Quienes no puedan pasar este examen y soportar el brillo de la Luz, no necesitan culpar nunca a nadie, sino a ellos mismos, porque tienen libre albedrío y se les ha dado el uso de la *Poderosa Presencia YO SOY*, a través de la cual pueden mantener el Autocontrol absoluto.

Tengo que aclararte otra vez, que cuando seas lo suficientemente incauto para intentar discutir la Verdad Sagrada que se te está dando para tu propia libertad y uso, con los que no saben nada acerca de ella, estás metiéndote en las aguas profundas de duda e interrogantes. Sólo te puedo decir que en el pasado, a los estudiantes que eran llevados a los retiros para instrucción, no se les permitió, ni nunca se les ocurrió discutir la Verdad entre ellos. Ellos aplican silenciosa y seriamente la instrucción impartida por su Maestro, y llegan seguros a los resultados que desean.

Sería mejor que los estudiantes fuesen apedreados en las calles, en vez de condenar, criticar o juzgar la Luz que se les da; porque si entrasen en la *Presencia YO SOY*, como han sido dirigidos, cada pregunta, cada problema en sus vidas, desaparecería como la niebla ante el resplandor de la luz solar mañanera.

Estoy seguro que todos estos estudiantes son lo suficientemente fuertes para oír la Verdad y usar la Fuerza de la *Presencia YO SOY* para gobernar y controlar lo externo, a fin de recibir la Presencia completa, el Amor, Sabiduría, Poder y Opulencia de la Gran y Todopoderosa *Presencia YO SOY*, que los capacita para pensar, sentir y vivir y que les ha dado el deseo de alcanzar la Verdad, la Luz.

Deseo decir abiertamente y con la «Vara de Fuego» puesta en la conciencia de los estudiantes, que su hermano y hermana, que les están dando esto, son solamente Mensajeros de Aquéllos, que han sabido y han probado esta Ley durante muchas centurias. Estos Grandes Seres, en quienes se ha fijado tu atención, no son un mito, ni una invención de la imaginación de lo externo. Son seres amorosos, vivos y sabios, que poseen el poder que Ellos pueden dirigir o usar bajo su propia discreción, cosa que es imposible de concebir por la mente humana.

En el pasado, el estudiante siempre había tenido un tiempo casi ilimitado para decidirse entre si deseaba actuar en la Luz, o si quería seguir vagando en la ignorancia de su Presencia y Poder Poderosos. Los ciclos cósmicos han cambiado muchas veces, y ha llegado el tiempo en el que los hijos de Dios tienen que hacer su decisión final, o sea, decidir a quién servir.

Nunca antes en la historia del mundo han sido dadas tantas oportunidades o asistencia a los hijos de la Tierra para que encaren el «Esplendor del Sol de la Luz Eterna de Dios», y caminen seriamente y sin miedo dentro de Su Esplendor Radiante, libres, por siempre libres de toda limitación, viviendo en la abundancia de esa Luz, envolviéndolos como un manto de paz y descanso.

Otra vez te doy, amado estudiante, este consejo: «Si no

puedes sentir en tu corazón la Verdad de estas instrucciones traídas a ti en una fuente de oro, entonces nunca, en el nombre de tu *Presencia YO SOY*, digas o hagas algo que descorazone a otro acerca de la Luz que pueda recibir. En la plenitud del Gran Amor de mi Ser, le doy la Verdad llana y genuina y que su Esplendor cause la comprensión y el saber que significan el Osar, Hacer y Callar.

Cualquier pregunta en tu mente sobre la realidad o autenticidad de la fuente de tu instrucción, solamente impide tu progreso y causa que te demores meses o años en realizar lo que puedes hacer fácilmente en unas pocas semanas con una mente libre y en paz.

Como uno que te ha escogido, Yo sé y siento cada uno de tus pensamientos. Es muy fácil que el estudiante piense a ratos que sus actos o pensamientos están a cubierto y que son desconocidos, pero para la Hueste Ascendida no hay ningún acto o pensamiento que pueda esconderse de ellos, porque todo lo que tú piensas o sientes se registra en el mundo etérico alrededor tuyo de una manera tan natural como la nariz en tu cara.

Así que nunca cometas el error de sentir que puedes pensar o actuar en secreto. Puedes esconder algo fácilmente del Yo externo, pero nunca de la Presencia «YO SOY», que la Hueste Ascendida es, sin obstrucción. Esto, mi querido estudiante, es lo más que se me permite decir para ayudarte a que te pongas en guardia. En el futuro, no se hará ninguna referencia adicional sobre esto. Recuerda que la decisión queda entre si quieres o no seguir adelante.

Ahora te diré algo muy alentador. La única razón posible por la que el Rayo Personal de Jesús pudo darse a quienes estaban bajo esta radiación en aquel tiempo, fue porque siete de este grupo de estudiantes fueron testigos de la Ascensión de Jesús el Cristo, hace dos mil años. Él los vio y los reconoció en ese entonces como los ve ahora, y no solamente está dando reconocimiento ahora sino también asistencia.

De la misma manera que este Esplendor os llega a vosotros, amados míos, os llega a los corazones de aquellos que pueden recibir la Presencia. Por esta Radiación, muchos que tienen un Amor profundo por Jesús o de Jesús a través de los canales ortodoxos, serán despertados a la Presencia de Dios dentro de ellos. Fuera de esto, la actividad junta de Jesús con la Hueste Ascendida, está desplegando su manto de Amor, Paz y Luz sobre la humanidad, siendo éste el tiempo del año cuando la atención general es ganada más fácilmente.

¡Amado mío! Te parecerá increíble cuando digo que los Maestros de Luz y Sabiduría tienen pasajes a través de la Tierra en todas direcciones, del mismo modo que en la Tierra hay autopistas para ir de costa a costa en automóvil.

Si comprendieses la estructura atómica de la Tierra, no sentirías que esto es algo tan increíble, porque aquellos grandes que han asistido al progreso de la humanidad desde el principio, tienen que hacer uso solamente de ciertos Rayos para caminar a través de la Tierra tan fácilmente como caminarías a través del agua. Es diferente, sin embargo, en que ellos dejan la apertura detrás de sí, mientras que tú en tus caminatas a través del agua, compruebas cómo ésta se cierra detrás y el camino desaparece.

Asimismo sucede con los Grandes Seres que han hecho brillar los caminos para la humanidad hacia la Luz. El camino queda para que aquellos niños de menos Luz lo puedan encontrar siempre y seguirlo. Si algunas veces ellos cometen un error y se desvían al camino errado, tienen la *«Presencia YO SOY»* para llamarlos otra vez hacia el poder principal y conducirlos nuevamente, hasta que ellos también puedan ser Portadores de la Antorcha e Iluminadores del camino para los que todavía tienen que seguir.

YO SOY la Poderosa Presencia, que nunca se torna impaciente o se siente desalentada por los largos períodos en los cuales los hijos de la Tierra le dan la espalda a la Luz para disfrutar de las actividades sensoriales, hasta que un día se les hacen tan repelentes y casi con el último aliento gritan: ¡Oh, Dios, Sálvame!

No puedo más que sonreírme cuando me imagino que pensarás que soy como un viejo regañón, pero no es así, sino que con el coraje necesario debo decirte las Verdades que existen en tus necesidades, para que saques provecho de ello. Cuando me conozcas mejor no me considerarás, después de todo, ni tan viejo ni tan regañón.

Mientras tengas que hacer preguntas constantemente, no encontrarás totalmente abiertas las puertas de la instrucción.

Los Rayos Naturales se harán permanentes para la Tierra y serán recogidos en el centro, si el deseo de la humanidad para alcanzar la Luz es genuino, lo cual determinará si esta actividad autosostenida vale la pena. El globo está compuesto de tierra, agua y aire. Los Rayos son el Fuego Cósmico interpenetrando los otros tres elementos. Los Rayos pasan a través de la Tierra y donde se entrelazan, se suavizan y forman el Esplendor Luminoso de la actividad concentrada de la Luz.

Un Rayo entra en la corteza terrestre en un punto al Sur del centro del Desierto de Gobi, y el otro entra justo al oeste del Lago Titicaca en las montañas de Los Andes. Es el lago más grande de América del Sur y del mundo, y fue un punto de gran importancia centurias atrás.

Éstos son los puntos más intensos de Luz en la Tierra. Durante cada ciclo, toma lugar una Actividad Cósmica, en la cual no se puede interferir. Las grandes Leyes Cósmicas son exactas hasta en el detalle más mínimo, y una cosa como el fracaso o el accidente no está conectado con ellas.

No consideres otra cosa más en el mundo que la *Gran Presencia YO SOY.* Cuida y gobierna tu sentimiento, porque, de lo contrario, llegará un momento en que te sorprenderá sin que te des cuenta.

Cuando algo te ocurre y tú, que conoces la Ley, te desalientas, deberías volverte a la *Presencia YO SOY* inmediatamente, y preguntar qué debes hacer; en cambio, mantienes tu atención fija en el desaliento, y algunas veces necesitas hasta de un terremoto para sacudirte y sacarte tal desaliento.

Toma el decreto: *Esta resistencia tiene que dar paso, y la vista y el oído tienen que manifestarse.*

Toma la posición firme de que *YO SOY la Presencia de mi perfecta vista y oído,* para sanar esas condiciones. Cada uno debería tomar el decreto: *YO SOY mi vista y mi oído perfectos.*

Los cuentos de las Mil y Una Noches vinieron originalmente de los Maestros, que los dieron como Verdad Velada para ayudar a la humanidad, y los que creyeron en ellos por la fe, recibieron manifestaciones maravillosas.

En el principio de estas manifestaciones maravillosas tiene que haber fe para navegar con la marea hasta que podamos manifestar la realidad, porque la Fe es el poder sostenedor, y si la podemos mantener generada, se vuelve realidad.

Siempre están las dos actividades de la Ley cuando entras de lleno en su acción: Primero, la condensación; y segundo, la conversión en éter. Síguelas con serenidad y no dejes que el tiempo, el lugar o las cosas interfieran.

La mente externa tiene que mantenerse calmada y constante, y la voluntad externa e interna deben volverse una. Mientras la atención esté mantenida en ellos con una firme determinación, más les será revelada la Operación Interna, hasta que puedan manipularla conscientemente.

Capítulo XVIII

Me encantaría que cada uno de los estudiantes, precisamente ahora, usara el decreto siguiente con todo el estusiasmo que puedan ordenar: *YO SOY, YO SOY, Yo sé que YO SOY el uso de la ilimitada Opulencia de Dios.*

Deseo explicarte que cuando un grupo de estudiantes estáis de acuerdo en trabajar con el mismo principio y cuando usáis este decreto, no solamente estáis trayendo a vuestros mundos el uso de esta Gran Opulencia, sino también estáis bendiciendo a vuestros estudiantes asociados con la misma cosa, porque *YO SOY la Presencia en cada uno.* Éste es el magno poder de la acción cooperativa.

Los estudiantes que mantienen la amorosa bendición entre sí están sostenidos realmente en el «Abrazo de la Gran Presencia YO SOY», y cuando decretan Su acción, están ordenando la misma bendición y acción, no solo para sí mismos, sino también para sus compañeros.

Ésta es la actitud correcta que deben sostener, y si es mantenida sinceramente en el corazón de cada uno, nadie que esté dentro de este abrazo tendrá necesidades; en cambio, el estudiante que permita cualquier sentimiento de desamor para con otros, se aislará de este Gran Esplendor y Bendición.

Ahora entremos al entendimiento simple del Deseo de Dios y el libre albedrío. El deseo de Dios es la Opulencia de Buena Voluntad que es la primogénita de cada uno de los hijos de Dios.

Cuando te acercas a la Luz por medio del uso de la *Poderosa Presencia YO SOY* con sinceridad, no es posible que experimentes otra cosa que no sea la Voluntad de Dios. Como Hijo de Dios al que el Padre ha dado libre albedrío, tienes que comprender que solamente en ti está el decretar lo que actuará en tu vida y mundo. Debes comprender que Dios sólo puede actuar en tu vida y mundo de acuerdo a tu mandato, por tener libre albedrío.

Dios es el principio de toda Vida y cada hijo de Dios es una parte consciente, activa e individualizada de ese Gran Principio Único de Vida, Amor y Poder.

¡Dios ha dado en custodia a cada uno de sus hijos esta Conciencia Maravillosa, la cual es omnipresente, eternamente elástica para ser dirigida hacia un punto céntrico donde escribirá con la Pluma de Luz, para envolver la Tierra.

La conciencia es dirigida por el libre albedrío. Es falsa la idea ortodoxa de que Dios actúa según su propia voluntad en la vida de cada individuo o nación. Dios actúa solamente a través de la mente de su propia individualización que está vestida con las personalidades que ves a tu alrededor. Estas personalidades son sólo vehículos de uso y expresión de esta Poderosa Individualidad que forma la Voluntad de Dios y tu libre albedrío. La personalidad vive bajo tu dirección consciente.

Cada función de tu cuerpo es sostenida a través de una acción consciente, aunque no te des cuenta de ello, pero a medida que vayas profundizando en la Conciencia de la «Poderosa Presencia YO SOY», comprenderás que es imposible que una acción externa tenga lugar sin la acción Autoconsciente.

Puedes comprobar esto de una manera muy simple.

En efecto; si deseas realizar una acción física, mover la mano, por ejemplo, el pensamiento de hacerlo tiene que preceder evidentemente a la acción misma, de lo contrario la mano no se movería.

Deberías aceptar esta humilde explicación y meditar sobre ella a menudo, porque te despejará la mente de cualquier obstrucción. Eres un Ser con Libre Albedrío y un Ser Autoconsciente, y esto es verdaderamente de vital importancia para todos los estudiantes. Amo a cada uno de ellos, a hombres y mujeres por igual.

La «Presencia Individualizada de Jesús el Cristo» estuvo en el centro de ambas clases de esta semana. En una estuvo bajo la forma de «Árbol de la Vida», y cada estudiante era una rama. En otra estaban en su «Pilar de Esplendor Deslumbrante» dentro del cual está su Forma Personal Visible. En la primera, su Forma estaba dentro del «Árbol de la Vida» pero invisible, sin mencionar a otros de la Hueste Ascendida que estaban Presentes. También estaban Nada, Cha Ara, Lanto y Yo.

Deseo decir al grupo de muchachos benditos con la rosa en el medio, que los tengo alegremente a todos ellos en mi abrazo afectuoso para que puedan usar e inhalar la Radiación de mi Ser. Tienen la Libertad y el Dominio a su alcance si se aferran a estas instrucciones y las aplican.

Además, deseo que los estudiantes entiendan que la Fuente de la Vida que fluye a través de sus mentes y cuerpos, les viene siempre pura y natural puesto que contiene todo el poder, coraje, energía y sabiduría deseados, pero al no controlar sus pensamientos y sentimientos están recalificando esta Esencia Pura, sin saberlo, con las ideas externas en las cuales la atención se ha fijado.

Formar el hábito de estar Autoconsciente de que: *YO SOY la única Inteligencia actuando,* en todo momento en que la mente esté ocupada, resguardará a la Maravillosa y

Poderosa Fuente de Vida contra el efecto decolorante, yo diría descalificante, de los conceptos erróneos que yacen en la actividad externa de la mente. Éste es realmente el secreto simple de toda la Perfección si uno logra comprenderlo.

Esta Vida Grandiosa viene para nuestro uso Pura y Perfecta, pero por falta de comprensión la mente externa la re-califica constantemente con conceptos discordantes; y así los seres humanos cambian su Acción Perfecta a lo que encuentran expresado en la actividad externa, como son la limitación y la discordia.

Esto te pondrá en claro la actividad simple y autoconsciente que debes mantener para poder obtener esta Vida maravillosa y perfecta que fluye constantemente a través de tu mente y cuerpo en su Estado Puro y Fragante. En verdad te digo que los que siguieren y mantuvieren esta idea, encontrarán que las emanaciones de sus propios cuerpos se volverán mucho más finas que la rosa y el lirio. Por otra parte, podrán conocer la conciencia de esta Perfección que fluye constantemente a nuestro uso como salud y belleza perfecta de cara y forma hasta que su Radiación brille como un Sol.

¡Oh, Amado estudiante! Siendo esto tan simple, requiriendo tan poco esfuerzo sostenido consciente, ¿no vale todo lo que requiera de tu parte para entrar en la Presencia de esta Fuente de Vida y recibir su Plenitud y Bendición?

Hubo una vez en la actividad oriental una sociedad secreta, originaria de China, que fue mantenida gloriosamente en la Luz hasta que el que estuvo encargado de la cabeza de la orden pensó que su hija, a quien amaba mucho, había sido asesinada por un inglés en uno de los saqueos en la guerra. Esto trajo la destrucción de la orden. El retrato de esto en el mundo externo son las representaciones de *Fu Manchú*, ejemplo perfecto de cómo la «Luz» pudo ser distorsionada por algo que empezó como un sentimiento de venganza.

El llamado Fu Manchú, al principio de esa actividad fue un alma bella y admirable; esto demuestra cómo los estragos de la guerra y la ausencia del control del pensamiento y sentimiento en el individuo, pueden acarrear tal distorsión en la Corriente de Vida.

En relación con la Actividad Sudamericana sobre la cual el trabajo presente ha fijado alegremente su atención: Hasta que este foco de radiación empezó, la posibilidad de establecer dicho foco en el agitado mundo occidental fue puesta en duda por la mayoría excepto por Lady Nada y Yo. Ellos no sabían ni conocían el hecho de nuestra larga asociación por no haberles sido revelado nada. Así que, bajo mi propia responsabilidad, dije: «Yo lo probaré».

Ahora tengo la plena cooperación de todos los que dudaron. El Maestro de Venus y Lanto también estuvieron con nosotros. Yo les dije: «El tiempo ha llegado en que aquellos que están fuera de los Retiros pueden ser convertidos en Verdaderos Mensajeros de la Luz». Gracias a vosotros he probado estar en lo cierto. Ahora, claro, os pido que os mantengáis conmigo en el sostenimiento de esto.

Esto demuestra que es posible establecer esta Poderosa Presencia Activa en medio de una tormenta. Siempre he mantenido esto, y casi todo el tiempo he estado solo; pero la habilidad de los estudiantes para asirse al uso de la «Presencia YO SOY» está consiguiendo cosas tremendas. Como aliento les digo sinceramente que con esta condición maravillosa sostenida ha llegado el punto en que no es imposible tener varios de los Seres Ascendidos sentados en su medio, visibles como sus cuerpos físicos, hablando con ellos.

Esto no es obra solamente de un deseo de los estudiantes, sino más bien de su preparación para ello. Claro que este buen Hermano no lo supo hasta hace poco, pero durante treinta años él ha sido preparado para ello. Durante la mitad del tiempo, su preparación era llevada a cabo en lo invisible y ha sido una cosa notablemente bella para todos los que la han observado.

Alumno.— *La otra noche en meditación profunda oí las palabras: «En la Ciudad de Delhi».*

Maestro.— *Que quiere decir en la Ciudad de Luz.*

Alumno.— *El lunes 29 de noviembre de 1932 en la mañana antes de la plática y otra vez hoy también antes de la plática, oí las palabras de Jesús: «Has estado conmigo en mis penas, me verás ahora en mi Gloria y verás la recompensa que mi Padre dará».*

Maestro.— *Y así será en tu experiencia externa.*

Las mismas palabras que Jesús usó de tiempo en tiempo pueden ser y serán usadas alguna vez, en alguna parte con la realización consecuente, porque las palabras que Él usó todo el tiempo eran «Vida» y contenían dentro de ellas esa Vida Ascendida o Vida Perfecta.

Pregunta.— *¿Cómo está la situación mundial?*

Respuesta.— *El elemento que buscaba entrar no realizará tanto como se esperaba. El dicho antiguo de que si le das a un becerro cuerda suficiente se colgará, es verdadero en ciertas fuerzas. Algunas veces piensan que han ganado una victoria fácil, cuando lo que han hecho es cavar su propia tumba.*

Ha sido una gran alegría para mí comprobar que en la tierra de América por la que he trabajado tanto, se encontraban los que podían recibir eso que estás recibiendo y mandando en este tiempo. También los Maestros de Venus han observado esto conmigo desde hace algún tiempo. El campo de acción de Kumara era distinto, pero ahora también observa esta realización.

Ninguna radiación sale de ninguna parte del Universo excepto a través de la proyección consciente. La radiación proyectada de las estrellas a nuestra Tierra no puede tener contacto con la Tierra sin la dirección consciente del Ser Cósmico, que es la Presencia Consciente Dirigente de la estrella o planeta. Esta dirección consciente es lo que hace que la radiación de un planeta a otro llegue a su destino, pero la radiación así dirigida no lleva aspecto adverso alguno contra nadie.

Las Leyes Universales, Cósmicas, de la Tierra, que impelen el crecimiento a través de la ley de la experiencia, llevan consigo aquello que no conocen como resistencia. Si no hubiese lo que el individuo conoce como resistencia, éste no haría el esfuerzo consciente, lo que haría imposible el avance en comprensión, o la vuelta a la Casa del Padre de la cual se han extraviado los niños de la Tierra.

La resistencia no tiene nada que ver con la discordia. La Resistencia es una Ley Natural; la discordia es una creación humana. No existe discordia en el Universo excepto la que crea la personalidad.

Toma conciencia de que *YO SOY la Presencia gobernante de esto.* Primero viene a la mente el deseo y si tomas conciencia: *YO SOY la Mente Pura de Dios,* consumes el pensamiento y mantienes la mente libre del deseo.

Cuando el líquido se precipita en la mano, califícalo instantáneamente como Luz Líquida y se manifestará como Eso. Da la orden para esa cualidad antes de comenzar la precipitación.

Un estudiante no debe esperar ver la misma actividad que otro: no se supone que los estudiantes vean o sientan lo mismo.

No hay ni un momento en el día en el que no visualicemos algo, porque el poder de la visión actúa todo el tiempo. Saca todo fuera de la mente, excepto el cuadro que quieres, porque eso es todo lo que te concierne. No dejes que la atención enfoque el aparente vacío.

Capítulo XIX

A TRAVÉS DE SU RAYO PERSONAL, JESÚS MANIFESTARÁ AHORA SU DESEO A LOS ESTUDIANTES

(Habla el Amado Ascendido Maestro Jesús)

Cuando dije: *YO SOY la puerta abierta que ningún hombre puede cerrar*, quise hacerle comprender a la humanidad que me refería al *Gran YO SOY*, que es la Vida de cada individuo manifestada en la forma. No deseé comunicar que el Jesús personal era el único a quien este gran privilegio había sido conferido. Cada uno de vosotros, amados hijos del *Padre Único*, tiene la misma *Presencia Poderosa* en su interior, el *Gran YO SOY* que Yo tengo y que tenía en ese tiempo, por el cual alcancé la Victoria Eterna y Final.

Para aliento, fuerza y certeza de tu mente, quiero que comprendas que la Conciencia que usé para alcanzar esta Gran Victoria fue el uso de la *Presencia YO SOY* que se te está enseñando. Después de una búsqueda por todos los caminos posibles en aquel tiempo, la determinación y el deseo por conocer la Verdad me condujo al Gran Maestro —que conoceréis algún día— que me dio el Secreto Interno y la Poderosa Concesión, que me volvió hacia la *Poderosa*

Presencia, el Gran YO SOY. A través de su radiación, la comprendí y enseguida comencé a usarla. Ésta es la única manera de que una individualización del Rayo de Dios pueda lograr la Victoria Eterna y construir su estructura sobre una base firme de la cual ninguna actividad exterior puede distraerle.

Ahora deseo transmitirte este uso simple, todopoderoso, de la *Presencia.* Todos los que han alcanzado la Poderosa Victoria y que además han ascendido como Yo lo hice, antes y después de mí, han usado la actividad consciente de la *Poderosa Presencia Eterna, YO SOY.*

Cuando dije a mis discípulos y a la humanidad: «Las cosas que hago, vosotros podéis hacerlas también y mayores aún», sabía de qué estaba hablando. Sabía que dentro de cada individualización o Hijo de Dios, estaba esta *Poderosa Presencia YO SOY,* por cuyo uso estás impulsado hacia delante sin ninguna incertidumbre. Digo, «impulsado» porque eso es lo que quiero decir.

El uso constante de tu *Presencia YO SOY* te impulsa hacia delante a pesar de cualquier actividad del cuerpo externo. Pueden arder tormentas, angustias y disturbios alrededor de ti, pero mientras que esta sola idea sea mantenida firmemente y estés en la Conciencia de la *Presencia YO SOY,* puedes permanecer sereno, inconmovible por el torbellino bullicioso de la creación humana, en el cual podrías estar envuelto.

Sólo una manera de que tú y el Padre se vuelvan eternamente Uno, y ésta es a través de la aceptación completa de tu *Presencia YO SOY,* la Energía, el Amor, la Sabiduría y el Poder que Él te ha dado: atadura dorada, escalones preciosos, por los cuales ascenderás serenamente hacia la realización final.

Un día, en alguna parte, cada individualización de DIOS, el PADRE, tiene que encontrar el camino de regreso hacia el Padre a través de su *Presencia YO SOY*, cumpliendo con su ciclo, o ciclos, de individualizaciones en el uso de la actividad externa del Yo externo. La Tierra es la única esfera donde hay la densidad de la estructura atómica que experimentas. El reconocimiento consciente y el uso de la *Presencia YO SOY* que eres, gradualmente aumenta la acción vibratoria de tu estructura atómica, desvistiendo y liberando la actividad electrónica que está escondida dentro del átomo, permitiendo que te vuelvas un Ser Auto-Luminoso.

Deseo que todos los que puedan recibir esto o contactarlo algún día, comprendan bien que Yo no soy y nunca fui un Ser Especial creado por Dios, distinto al resto de la humanidad. Es verdad que había hecho esfuerzos conscientes previos, y había alcanzado mucho antes de la encarnación donde gané la Victoria Eterna. La experiencia que escogí hace dos mil años era para dar el ejemplo que cada individualización de Dios tiene que ser tarde o temprano.

Yo insisto, Amado Hijo de Dios, que me veas como un Hermano Mayor, uno contigo. Cuando dije o dejé la palabra: *YO SOY con ustedes siempre la Presencia YO SOY, que soy y que vosotros sois, es Una.* Por lo tanto, ¿no ves cómo *YO SOY contigo siempre?* Medita profundamente esto, y trata de sentir su realidad.

Durante mi ascensión, y después de ella, vi la inmensidad de la radiación que yo iba a poder derramar a mis amados hermanos y hermanas en la Tierra, desde la esfera donde iba a habitar en adelante. Deseo decirles en verdad: cada individuo que mande su pensamiento consciente a Mí con el deseo de ser elevado por encima de las limitaciones de la Tierra o de su propia creación, y viva de acuerdo a ello, recibirá de mí toda la asistencia posible para ser dada de acuerdo a los escalones de crecimiento de la conciencia que alcanzará de tiempo en tiempo.

No me entiendas mal; cuando me refiero a crecimiento, estoy hablando de la humanidad en general. No me refiero a algunos que tienen un logro previo suficiente para que en el uso presente y la completa aceptación de su *Presencia YO SOY*, puedan hendir el velo de la creación humana y avanzar en el *Abrazo de la Resplandeciente Presencia YO SOY Ascendida* en cualquier momento. Hay algunos en el grupo de estudiantes que se ha formado, para quienes es posible hacer esto. Eso depende enteramente de ellos mismos, de la calmada intensidad equilibrada por la cual se vuelven conscientes de su *Presencia YO SOY.*

Te traigo estas grandes noticias, porque yo las comprobé en mi experiencia personal.

Antes de que decidiera completamente la manera en que Yo daría el ejemplo a la humanidad, comencé de repente a usar la afirmación que me vino de un impulso interno: YO *SOY la Resurrección y la Vida.* Dos días después de empezar a usar esa afirmación con gran regocijo, vi lo que se debía hacer, y deseo asegurarte que fue el uso consciente de la Poderosa Afirmación: *YO SOY la Resurrección y la Vida*, que me dio el poder para hacer la ascensión en presencia de tantos y registrar en los archivos etéricos ese ejemplo que se mantendrá presente eternamente para toda la humanidad.

Desafortunadamente, el velo de la idea ortodoxa cubrió las mentes de la gente, impidiendo la comprensión de que cada uno tenía dentro de sí la *Presencia YO* SOY lo mismo que Yo, por la cual cada uno podía lograr y hacer las mismas cosas que Yo y ganar la Victoria Eterna.

Éste, amado estudiante, es el mensaje personal que te dejo, expresado a través del Rayo de Luz y Sonido en el cual cualquiera puede entrar, ver y oír con la suficiente preparación consciente.

Otra vez insisto en que pienses de Mí como tu Hermano Mayor, listo para darte asistencia en todo momento. No pienses de Mí como un Ser Trascendente, lejos de tu alcance, con el que todo contacto es imposible, porque la *Presencia YO SOY* que me habilitó para hacer la ascensión, es la misma *Presencia YO SOY* que te capacitará para hacer la ascensión que Yo hice: la única diferencia está en que hoy, tú tienes la asistencia de la Gran Hueste Ascendida de Seres que han ganado la Victoria Eterna que alegremente están a tu servicio, mientras tú te preparas.

Te envuelvo en Mi Amor, y te repito otra vez: *Siempre estoy contigo.*

Habla Saint Germain: «¿No les tenía preparada una sorpresa?»

Capítulo XX

Son muchos los que han observado esta realización y ven con mucho gozo cuán verdaderamente los estudiantes están entrando en la *Poderosa Presencia YO SOY*, y cómo las cosas que los habían estado molestando se están disolviendo y siendo desprendidas como si nunca hubieran existido.

Amado estudiante, ¿te das cuenta del gran regocijo que embarga a quienes hemos seguido el camino del logro de la Gran Libertad y Maestría sobre toda limitación, al verte entrar en esta Presencia, que si es mantenida, te traerá con toda certeza a esa misma Libertad? Sólo cuando lo externo se torna lo bastante obediente, dándole todo poder a esa Gran Presencia Interna, es que uno encuentra paz y descanso en ese Poderoso Reconocimiento.

En esa paz y descanso fluye un río poderoso de energía, así como un arroyo de montaña pasa a través de un valle fértil lleno de flores y vegetación perfecta. Así, en esa paz que sobrepasa toda comprensión humana, te moverás mejor, y encontrarás ese río eterno de energía fluyendo en y a través de tu Ser y experiencias donde quiera que vayas.

Es verdad que la inteligencia es el canal receptor, pero mientras sientas con sinceridad profunda y llena la *Verdad de la Presencia YO SOY*, encontrarás que esa quietud irá creciendo hasta que un día «verás la puerta de tu creación ante ti abierta de par en par, y entrarás con los brazos abiertos en esa Libertad inhalando la fragancia de la Atmósfera Pura del Mundo Etérico, lugar donde serás capaz de moldear esa sustancia plástica en la Perfección de allí donde todo tu deseo se pose».

Estás progresando espléndidamente, no dejes que ningún miedo de personas, sitios, condiciones o cosas te interrumpan o te alteren; la *Presencia de la Luz* está ante ti, haciéndote señas para seguir adelante y para que puedas ser sostenido en Su abrazo afectuoso, recibiendo Sus riquezas ilimitadas que Ella te guarda.

Ahora te diré algo que te asombrará, pero te aseguro que es muy cierto. Anoche se formuló la siguiente pregunta: ¿Habéis estado juntos con anterioridad? Deseo deciros que no hubiese sido posible traeros hacia esta acción intensa de la Gran Ley Interna, si no hubieseis tenido previamente una asociación armoniosa y un entrenamiento. Puede que para vosotros sea difícil comprender de primera intención que estáis recibiendo un entrenamiento intenso y que solamente es dado después de tres años de prueba en el retiro. Algunos de vosotros habéis guardado tesoros de Energía, quiero decir: Energía creada por vuestra actividad consciente a través de la *Presencia YO* SOY. Otros tenéis almacenados tesoros de Luz, otros tesoros de Amor, otros tenéis oro y joyas que fueron guardados para ser usados en esta encarnación. Muchos estáis a punto de soltar a la visibilidad (en vuestras manos) estos tesoros almacenados. No penséis que me he perdido en ensueños fantásticos. Estoy trayendo esto a vuestra atención para beneficio y bendición propios.

Deseo que te recojas durante unos minutos y converses con tu *Presencia YO SOY* diciéndole algo así: *Gran Presencia Maestra que YO SOY, te Amo, te Adoro. Me vuelvo a Ti, Plenitud de todo Poder Creativo, todo Amor, toda Sabiduría y a través de este Poder que Eres, te doy todo Poder para que hagas visible en mis manos y uso la realización de cada deseo mío. Ya no pretendo tener ningún poder, porque ahora te reclamo a Ti, la única Presencia Conquistadora de todo, en mi hogar, mi vida, mi mundo y mi experiencia. Reconozco Tu Supremacía Completa y Tu Dominio sobre todas las cosas, y mientras mi conciencia se fije en una realización, Tu Presencia Invencible y Tu Inteligencia asumirán el comando, trayendo la manifestación a mi experiencia rápidamente —hasta con la velocidad del pensamiento—. Sé que Tú eres Jefe de tiempo, sitio y espacio. Por lo tanto, Tú requieres solamente el «ahora» para atraer a la actividad visible toda Tu perfección. Yo me mantengo del todo firme en la completa aceptación de esto ahora y siempre, y no permitiré que mi mente se aleje de ello porque, al fin, Yo sé que somos Uno.*

Amado estudiante: puedes agregarle a esto cualquier cosa que necesites, y te aseguro que si puedes vivir en esto, me esforzaré en ayudarte y experimentarás la apertura de las compuertas de la Abundancia de Dios.

Lo más deseable e importante que cualquier individuo puede hacer, es fijar su mente en la única necesidad permanente y ésta es seguir adelante hasta llegar a la profundidad y firmeza de esta *Poderosa Presencia Yo SOY* y, una vez allí, todo el Amor, la Luz, lo Bueno y las Riquezas fluirán en su vida y experiencia por un poder interno de propulsión que nadie puede impedir.

Éste es el objeto del entrenamiento verdadero, la razón por la que los estudiantes fueron traídos a los retiros a medida que estaban lo suficientemente adelantados, porque como he dicho antes, es bastante fácil resolver los problemas que vienen, pero Yo os pregunto: ¿Qué bien hace continuar resolviendo los problemas, a menos que se tenga algo, en alguna parte, en que pueda anclarse y que lo eleve por encima de la consideración de cualquier problema?

Encontrar tu *Presencia YO SOY* y anclarse en ella es la única cosa deseable. Claro que hasta que llegues a este punto de anclaje firme a tu *Gran Presencia YO SOY* es necesario que resuelvas tus problemas a medida que vengan; pero es mucho mejor entrar y liberar esta Poderosa Presencia, Energía y Acción que ha resuelto los problemas antes de que vengan a ti. ¿No es esto más aceptable que, al despertarte cada mañana, encuentres estos problemas ante ti, mirándote a la cara, como si fuesen algo importante, pero que después de todo no lo son? Sin embargo, estarás de acuerdo conmigo en que alguno de ellos, por lo menos para los sentidos externos, son de una importancia tremenda.

Con tu gloriosa obediencia al Principio Divino de los Seres Creados avanzaremos con nuestra Armadura de la Protección Invencible puesta, hasta que la intensidad de la misma Luz en la que entrarás haga innecesaria llevar puesta la armadura.

¿No vale esto todo el esfuerzo necesario para que te muevas por siempre en esta Gloriosa Libertad? Entonces, cuando te despiertes por la mañana, ya no encontrarás a estos visitantes.

Mientras he hablado estas palabras, te he mantenido en el foco de mi visión, sin tu conocimiento, para que cuando oigas estas palabras sientas la convicción interna de éstas, con un Poder que te agradará.

Cada vez que notes que los pensamientos molestos o de crítica tratan de entrar en tu conciencia, cierra la puerta rápidamente y ordénales que se vayan para siempre. No les des espacio para que tomen terreno, recordando siempre que tienes la fuerza y el poder sostenedor de la *Poderosa Presencia YO SOY* para hacerlo. Si tienes dificultad en cerrar la puerta, háblale a tu *Presencia YO SOY* y dile: *¡Mira, necesito ayuda. Cuida de que la puerta esté cerrada a esta molestia y ciérrala para siempre!*

Quiero que te fijes en la conciencia de que puedes hablar a tu *Presencia YO SOY* de la misma manera que puedes hablarme a Mí, creyendo que tengo poder ilimitado, porque Yo te aseguro que no son palabras a la ligera cuando digo: «Puedes decirle a esta Poderosa Presencia que se encargue de cada condición en tu experiencia y que te eleve hacia la Libertad y el Dominio de todas las cosas».

Como ya has alcanzado la actividad de la Sustancia Universal, quiero llamarte la atención hacia el siguiente hecho: La sustancia de tu cuerpo y esa sustancia que parece invisible a tu alrededor, son inmensamente sensitivas a tu pensamiento y sentimiento conscientes, por lo cual puedes moldearlas en cualquier forma que desees. La sustancia de tu cuerpo puede ser moldeada por tu pensamiento y sentimiento conscientes en la más exquisita belleza de forma: tus ojos, pelo, dientes y piel pueden hacerse deslumbrantes con belleza radiante.

Esto es muy alentador para las damas y estoy seguro de que también lo será para los caballeros, aunque a ellos no les gusta admitirlo. Amados Hermanos y Hermanas, cuando os veáis en el espejo, decidle a lo que allí veáis: *Por virtud de la Belleza y la Inteligencia que YO SOY, os ordeno asumir Perfecta Belleza de forma en cada Célula de las cuales están formados y obedecerán a mis órdenes, convirtiéndose en Radiante Belleza en Pensamiento, Palabra, Sentimiento y Forma. YO SOY el Fuego y la Belleza de tus ojos llevando esa Radiante Energía hacia todo lo que mire.*

Así lograrás la apariencia de Perfección que te dará el aliento que quieras para saber que *YO SOY siempre la Presencia Gobernante.*

Si deseas que tus formas se vuelvan más simétricas, pasa tus manos por todo tu cuerpo, desde los hombros hasta los pies, sintiendo la Perfección o la simetría de la forma que se desee. A través de tus manos fluirá la energía o calidad de lo que desees manifestar. Si pruebas esto con un sentimiento profundo y verdadero, te asombrarás de los resultados. Éste es el más grande adelgazante del mundo y te aseguro que esto hará que mientras la piel tome la perfección y la simetría deseadas, ésta se mantenga firme y elástica en todo sentido, porque estarás mandando la energía de la *Presencia YO SOY* a través de estas células, obligándolas a obedecer el mandato dado. Esto puede parecer ridículo, pero Yo te digo que es una de las mejores maneras, más segura y perfecta de lograr la perfección del cuerpo. Yo te digo: Cualquiera que practique esto, pondrá el cuerpo en la condición deseada.

Quiero que los estudiantes absorban la plenitud de la idea de que ellos son los dueños de sus formas, mentes y de sus mundos y que pueden inyectarles lo que deseen. La Vida de Dios Pura y Perfecta fluye a través de ti en cada instante. ¿Por qué no cambiar el patrón viejo por el nuevo? ¿No ves lo importante que es el perfeccionamiento del cuerpo?

¿Qué puede hacer la Presencia Interna con un cuerpo que siempre está enfermo y fuera de armonía todo el tiempo? Cuando éste es el caso, la atención se fija tanto en el cuerpo, que la *Presencia YO SOY* sólo obtiene un mínimo de atención. ¡Es tan fácil! ¡No hay más que intentarlo! Este tratamiento de la piel con la energía de la *Presencia YO SOY* hará que se vuelva firme y perfecta.

La razón por la que hablo de esto con un sentimiento tan profundo y ansioso es porque veo el cambio y el adelanto en casi todos, y con una atención consciente especial puesta en esto, cada uno podría ser llevado mucho más rápidamente a esa Perfección tan deseada.

Cuando un individuo tiene un abdomen anormal —y cualquier cosa que no es recta es anormal— debe levantar su mano izquierda con la palma hacia arriba y mover su mano derecha sobre el abdomen en un movimiento de rotación de izquierda a derecha. Cada vez que la mano pase sobre éste, hay que sentir profundamente la actividad absorbente.

La carga rápida de energía a través de la mano entra en las células encogiéndolas y reduciéndolas a la condición normal. Y les aseguro que esta instrucción no es una fantasía, sino que tiene un sentido tremendo y dará resultados esperados sin duda alguna si se aplica con sentimiento ansioso.

La conciencia, naturalmente, debe ser *la energía que fluye a través de la mano derecha que es la Presencia Todo-Poderosa y Absorbente que consume todas las células innecesarias, devolviendo al cuerpo su condición normal* y *perfecta.*

Esto no ajustará el tamaño anormal del abdomen, pero penetrará a través de la forma, cargando la actividad intestinal con un proceso limpiador y purificador que será de un beneficio inestimable. Aquellos en los que sea perezosa la actividad de esos órganos, encontrarán que se les activa hasta lo normal. Y os aseguro que las damas no necesitarán usar más los rodillos o girar en el suelo, y también aseguro que ellas no son las únicas que usan los rodillos.

Es desafortunado, casi repulsivo, que los individuos que tienen dentro de sí esta Poderosa Presencia de Dios, les den todos los poderes imaginables a las cosas externas para producir resultados dentro y fuera de ellos cuando cualquier agente terapéutico que usen, sean ejercicios, drogas o cualquier otra cosa, tiene muy poco efecto, si acaso alguno, excepto la calidad y el poder que ellos les han dado conscientemente a estos agentes. Este tratamiento actúa sobre las células donde quiera que estén, sea en los huesos o en la carne.

La mente externa siempre duda de la habilidad de este Yo Interno para manejar parte del cuerpo. Si puede manejar una clase de células, puede manejarlas todas. Haz que lo externo acepte todo el poder de la Presencia Interna y así deja que ésta se expanda en el uso de todas las cosas.

La mente externa, a través de largo tiempo, les ha dado un poder enorme a las drogas y a los agentes terapéuticos de toda especie, pero ¿no veis que la única cosa que lo hace es el poder y la autoridad que le dais para que tenga un efecto en vuestros cuerpos? No quiero decir, ni por un momento, que los individuos que no conocen la *Presencia YO SOY* eliminen todos los agentes medicinales, pero si fijaran sus mentes firmemente en que *ninguna cosa externa tiene poder alguno en sus experiencias, excepto el que ellos mismos le dan* comenzarían a salir de las limitaciones a las que se han sometido.

Déjame decirte ahora que casi todo el poder dado a las cosas externas es concedido inconscientemente y sin que muchos estudiantes se hayan dado cuenta de ello. Dirigirse hacia esta Gran Presencia de Dios dentro de ti y darle todo el poder para hacer las cosas que necesitas y deseas hacer, hará que éstas se manifiesten con una velocidad y una certeza mucho mayor que la de cualquier agente medicinal. Algunos aplicarán esta idea con una tenacidad tremenda, mientras que otros necesitarán más esfuerzo, pero realmente vale la pena hacerlo.

Recuerda que la *Presencia YO SOY* sabe todas las cosas por toda la eternidad, en todas las maneras pasadas, presentes y futuras. Si pensaras en esta Gran Presencia, contemplarías y reconocerías que ella es todo Amor, Sabiduría y Poder; entonces, cuando éste fije tu atención en algo a cumplirse, sabrás que esta Presencia es la puerta abierta, es la realización todopoderosa, y que no puede fallar.

Invoca a la Ley del Perdón y dirige la energía del Yo Maestro para que corrija y ajuste el error, y así puedas obtener la libertad de su reacción.

Ya ves, pues, que se ha concedido mucho poder innecesario a la actividad externa; se le da mucha importancia a cosas que a la *Presencia YO SOY* no le interesan en absoluto. A ella no le importan los errores cometidos por el yo externo, y si el individuo pudiera comprender que le puede dar la espalda a todas las actividades discordantes, y darle a la *Presencia Maestra YO SOY* dentro de él toda la autoridad y el poder para disolver y disipar la condición errada, no podría nunca, de ninguna manera, sentir la reacción de sus malas acciones.

Cuando el individuo continúa criticando, condenando o juzgando a otros, no sólo está dañando a la otra persona, sino que también está permitiendo, sin saberlo, que ese mismo elemento que él está viendo en la otra persona, entre en su experiencia. La verdadera comprensión de esto hará más fácil que el individuo detenga esta actividad indeseable, porque se dará cuenta de que será en su propia protección.

Expongámoslo de otra forma. Cuando la atención consciente se fija en algo, esa cualidad entra a la experiencia del individuo. Cualquier cosa que un individuo vea con profundo sentimiento dentro de otro individuo, la estará forzando dentro de su propia experiencia. Ésta es la prueba indiscutible de por qué el único sentimiento deseable que debe mandar un individuo es la Presencia del Amor Divino, y por eso quiero decir: Amor Puro y Desinteresado.

Los estudiantes se preguntan algunas veces por qué tienen que manejar tantas condiciones en su experiencia, cuando se vuelven más y más sensibles. Es porque cuando ven una apariencia, que han sido enseñados que no es real, dejan que su atención se fije en ella, y no solamente la invitan sino que la fuerzan dentro de sus propios mundos y después tienen que luchar para poder liberarse de ella.

Esto se puede suprimir si instantáneamente se quita la atención de la apariencia y se reconoce que *YO SOY, YO SOY, yo sé que «Yo Soy» libre de esta cosa para siempre.* No importa lo que sea.

Claro que todo esto viene por falta de autocontrol del individuo o por ser renuente a usar ese autocontrol para gobernar lo externo. Hay dos condiciones que se manifiestan claramente en los estudiantes: una, que está lo suficientemente deseoso para hacer el esfuerzo, pero que sin saberlo permite que su atención se fije en las cosas indeseables. La otra, a través de una cualidad de testarudez, no desea hacer el esfuerzo necesario para conquistarlas.

Ningún Maestro debe tener en ningún momento un pensamiento de crítica sobre cualquier estudiante, porque si lo hace, estará invitando a esa misma crítica hacia él. Si los estudiantes captan la idea correcta de esto, lo detendrán por su propia protección.

Callarse ante la discrepancia de otro es mucho peor que la crítica hablada, porque se está permitiendo que la fuerza se acumule. Cuando alguna discrepancia llame tu atención, simplemente dile a tu Presencia YO SOY: «La Presencia YO SOY está dentro de esa persona, y lo *humano no me concierne*». No importa que sea una persona o un objeto inanimado; en el momento en que veas imperfección, estás forzando esa cualidad en tu propia experiencia. Esto es tan importante, que nunca se insistirá lo suficiente.

La primera consideración se deberá dar siempre a tu propio *Yo Divino;* adóralo siempre. Esto te dará la oportunidad y la fuerza para elevarte a mayor altura, desde donde podrás ofrecer tu ayuda a muchos, mientras que ahora la das solamente a unos pocos.

Ningún servicio puede ser de beneficio permanente, a menos que el individuo acepte primero y adore a su propio *Yo Divino, la Poderosa Presencia YO SOY.* Aquellos que quieran servir a la Luz y realmente hacer el bien, deberán comprender esto con claridad.

Cuando los estudiantes dicen: «Si yo tuviera dinero, podría hacer mucho bien», es exactamente la actitud contraria a la que deberían tener. Si uno entra en la Presencia «YO SOY» tendrá todo el dinero que quiera, y éste no podrá ser alejado de él.

Toma la posición con todo el mundo de que, *solamente la Presencia YO SOY actúa en esa persona.* Toda experiencia externa es solamente una disciplina. Para quienes entran en este trabajo, el entrenamiento presente es realmente una escuela final o experiencia, y es por eso que algunos de ellos sienten que es un poco fuerte. Toda Hueste Ascendida siente con inmensa alegría el Amor y la gratitud que le es enviada, y claro está, responden casi sin límites.

«YO SOY», es todo lo que hay presente en todo sitio visible e invisible.

La conciencia necesaria llegará a ti de tiempo en tiempo a medida que continúes en el uso de esto.

No te dejes fatigar por «cosas». Solamente mantén la actitud calmada y certera de la Ascensión. Calmada, rápida y amorosamente acéptala y solamente sé (esto elimina la tensión). Nada es más poderoso que esto.

Capítulo XXI

¡Oh, si todos los estudiantes pudieran comprender que no existe ni actividad, ni conciencia mayor que la práctica de la Presencia «YO SOY»!

No importa cuál de los canales entre los muchos que el hombre utiliza, ni tampoco importa cuál de los ángulos de la verdad se está manifestando, todos llevan al fin a éste que vosotros tenéis el privilegio de conocer y usar ahora.

Ya sabes que todo conocimiento es inútil si no se practica. Tú, que practicas la actividad «YO SOY», ya sabes y sientes la diferencia inmensa que existe entre Ella y todos los otros canales que se conocen en el planeta. Cuando el estudiante pronuncia «YO SOY» con sentimiento y conocimiento de la Verdad, está poniendo en actividad física y visible la Presencia y el Poder de Dios, que es «YO SOY», y esto es totalmente diferente a toda otra costumbre y práctica, a cualquier afirmación que jamás se haya formulado en palabras. Es decir, no existe ninguna otra expresión que tenga el poder del «YO SOY» para cumplir cualquier propósito, siempre que sea usada con atención consciente. Por eso fue que el Maestro Jesús la añadió a sus más importantes afirmaciones; y si los estudiantes comparan y meditan las afirmaciones que hizo el Maestro Jesús, captarán la estupenda plenitud de lo que acabo de decir.

Tengo que advertirles que *en ningún momento debe*

ningún instructor cobrar dinero por esta enseñanza. Los discípulos pueden dar las ofrendas amorosas que deseen, pero el pago como obligación cierra la puerta de inmediato, ya que la actividad «YO SOY» está regida por una faceta de la Ley Divina que tendré que explicarte algún día. En estos momentos no se puede, ya que por más amorosos que sean tus deseos, no te es posible entrar en la radiación del Círculo Interior. Los hermanos que están recibiendo esta enseñanza pasaron treinta años en una difícil e intensa labor de preparación para poder efectuar este trabajo. El Círculo Electrónico dentro del que actúa esta radiación está ajustado en forma muy especial, y para poder incluir a otros seres humanos habría que reajustarlo y transformarlo. Cada persona tiene su propia radiación y acción vibratoria, y por bella que sea la radiación nueva, llevaría algunos años adaptarla. Este mecanismo invisible, por decirlo así, aunque es poderosísimo, es también más delicado que el más tenue velo.

Otra advertencia que debo hacerte a propósito de la radiación de la actividad «YO SOY», es que por ningún concepto debe un estudiante o instructor adelantarle esta enseñanza a los que no estén aún en esta radiación. Y no queremos que alguien sea tan desafortunado que se le ocurra pensar o decir que está autorizado para divulgar esta enseñanza cuando aún no ha recibido el permiso de comunicarla.

El instructor o el discípulo que practique la actividad «YO SOY» con sentimiento profundo y con sinceridad, no tendrá jamás que comercializar la enseñanza cobrando las clases, ya que el «YO SOY» convertirá al practicante en un imán invencible de la Opulencia Divina. Todo el que practique diciendo *YO SOY la Omnipresente e Ilimitada Opulencia del Padre para mi uso,* aunque al principio no tenga plena comprensión, tarde o temprano podrá comprobar la plena verdad y el poder que encierra el tratamiento. Yo sé que para el individuo el sustento es de primera importancia, pero en la Tierra el dinero es fugaz como las arenas movedizas, hasta que se aprende a practicar la actividad «YO SOY» conscientemente, y se ve que la provisión es ilimitada. Así sea de dinero, amor, comprensión, luz o iluminación, recibe la convicción que te estoy irradiando para que la uses con conciencia inamovible. Esto te dará la liberación de la estrechez monetaria.

Otro dato que yo vacilaba en darte aún, pero que vuestro empeño me ha obligado a esclarecer, es que sabiendo que la Presencia «YO SOY» —que en estos momentos estás poniendo en movimiento—, es la misma en todo individuo, en la Tierra y en el Universo, y que ella misma es la que te da el Poder y la Inteligencia para formular tus decretos, quiero que sepas además que tu aplicación consciente está actuando en todas partes por igual. No es sólo en las circunstancias que en un momento dado te aquejan. Te mando esto con una radiación especial para que la puedas usar con toda confianza.

El estudiante tiene que hacer esfuerzos conscientes para mantener su mente en paz de manera que el Poder Interior fluya sin obstrucción y se puedan cumplir los deseos. Cuando en el colegio te daban un problema de aritmética para resolverlo y también la comprobación, si al principio no lograbas resolverlo, tenías que continuar hasta que saliera todo correctamente, ¿no es así? Y si encontrabas dificultades en la operación le preguntabas a la maestra. Esto es idéntico. Continúa aplicando las reglas que ya conoces hasta que se te den tus deseos o necesidades. Cuando haces una afirmación basada en el «YO SOY», no puede fallar, siempre que tu determinación no vacile.

Un gran consuelo y un gran alivio es el siguiente: cuando a la Presencia «YO SOY» se le pide Luz, Amor, Sabiduría, Poder o Iluminación, es imposible albergar un deseo o intento egoísta. Una cosa no va con la otra, y «YO SOY» elimina la forma negativa. Lo más importante para todo individuo es llegar a anclarse en la Magna Presencia y siempre ser fortificada por Ella ya que se está valiendo de una Inteligencia, un Amor y un Poder tan grandioso y poniéndolo en acción, y que éste actúa primero en ellos mismos.

A casi todos los estudiantes les entra un impulso de enseñar antes de haberse fortalecido mentalmente, y se encuentran entonces con obstáculos que no saben dominar. Se desaniman, sufren bajones y se retiran de la enseñanza defraudando la maravillosa labor que hubieran podido hacer más adelante. La Magna Presencia «YO SOY» organiza todo esto si se la invoca para ello. Se requiere enorme fortaleza para no dejarse mover. No hay nada que te pueda dar fortaleza y llevarte al éxito completo en tu actividad exterior como el uso consciente de tu Presencia «YO SOY». Ponte inflexible contra todo lo que trate de disuadirte.

Contra la interferencia di: Yo *sé lo que hago y lo estoy haciendo. Mi YO SOY me guía y me fortalece.* A veces tendrás que decir cosas muy fuertes para cortar la interferencia, pero no te dejes dominar por ella.

El uso de la Presencia impide que se desarrolle algo desequilibrado. ¿Por qué? Porque «YO SOY» es el Perfecto Equilibrio. Es el Poder, es la Inteligencia, es el Amor que gobierna toda Perfección. Su sola mención y actividad obliga al equilibrio. La orden «YO SOY» es la actividad de aquello que ya existe, obligándola a aparecer en el exterior. Hay varias personas que si usaran la frase poderosa de Jesús, *YO SOY la Resurrección y la Vida* continuamente, ascenderían sus cuerpos físicos con toda seguridad. No se pueden usar las palabras «YO SOY» seguidas de lo que uno desee, sin comunicarles el poder de manifestarse. Jesús vino por su propia voluntad a enseñarles a los discípulos la forma cómo dominó al último enemigo.

Hay dos cosas que retardan el adelanto de un estudiante. Una es cuando el esposo o la esposa no están de acuerdo con los esfuerzos de su cónyuge. La otra es la sugerencia ajena. Tú tienes tu Presencia «YO SOY» que es Omni-inteligente, de manera que hazte impermeable a toda sugestión buena o mala.

Algún día consagraré una plática entera al sabio manejo de las cosas psíquicas (astrales, lunares, psiquismo, etcétera). No existe una persona entre diez mil que comprenda que el despertar de la clarividencia *no* es espiritual. Cuando se comienza a ver en el plano psíquico, sólo se está usando la vista física, pero algo expandida. Eso es todo.

En el plano psíquico también se reciben sugerencias que ofrecen un mínimo de la verdad, lo suficiente para despertar el interés del sujeto hasta que las fuerzas psíquicas (dañinas) se apoderen de él. Esto puede ocurrir por lo fascinante del fenómeno, pero sólo hay que enfocar la atención en la Presencia «YO SOY» y ésta lo extrae de allí y lo ancla plenamente en el Plano Espiritual y en la Presencia «YO SOY».

Cuando las personas se mezclan con el plano psíquico, encuentran que todo se distorsiona. No se obtiene ninguna prueba definitiva de la Verdad y la mente se llega a confundir. Las entidades del plano psíquico comienzan a profetizar y a veces a alabar. Es lo primero que hacen. Buscan ponernos bajo su dominio. La salvación está en que nadie se le puede oponer a un Mensajero de la Luz, y todo el que trabaja en la Presencia «YO SOY» es Mensajero de la Luz: es Radiación. Aquellos que se les oponen reciben la reacción, ya que la Luz rechaza todo lo que no es igual a ella misma.

Comienza siempre dando tu gran amor y tu adoración

a tu propia Presencia «YO SOY». Luego a las Entidades de Luz que te puedan ayudar, y luego afirma tu «YO SOY» en afirmacioncs como *YO SOY la Victoriosa Presencia en cualquier cosa que desee, YO SOY la Presencia en toda orden que doy, cumpliéndola, llenándola*, etcétera. Ahora, no hay nada que cierre la puerta tan rápidamente como la impaciencia, la perturbación, el malestar de ánimo, el apuro en ver resultados. Ninguna creación humana, ninguna ignorancia de otras mentes, aun cuando sean dirigidas a uno personalmente, tienen poder alguno para perturbarnos. Si algo de esta clase te confunde, dirígete enseguida a tu Presencia «YO SOY» y exige ver y saber claramente el plan a seguir y cómo debes calificar la circunstancia.

Este canal debe conservarse siempre limpio y puro. Las imágenes de los Maestros deben ser consideradas sagradas para el estudiante. Recuerda la antigua máxima: Saber, Osar, Hacer y Callar.

Capítulo XXII

El estudiante debe comprender que lo que se llama el «plano psíquico» no tiene que ver con la espiritualidad. Sólo es una facultad humana que puede ser puesta en juego por aquellos seres humanos que le presten suficiente atención. Pero se ha de advertir que quien desee entrar en el plano psíquico *sólo,* consciente o inconscientemente, es mejor que no hubiera venido a esta encarnación, pues la fascinación de los fenómenos psíquicos es tan impregnante, que todo aquel que se ancla en el plano psíquico, no se libera en esa encarnación; más bien puede necesitar varias encarnaciones para liberarse.

En todo nivel de conciencia hay un fragmento de verdad no reconocida, pues si no la hubiera, no le sería posible sostenerse (sólo la verdad es eterna; la mentira existe, es posible, pero transitoria). Debes comprender que en todas las cosas, en toda actividad, hay más o menos energía divina en acción, mal usada, tal vez, pero, sin embargo, en acción.

El estudiante sincero no prestará atención a los fenómenos psíquicos de evidencia o audiencia y debe comprender que él debe atravesar directamente, por el poder de su voluntad interior (la llama azul), y su determinación y entrar en el cinturón electrónico donde se expresa únicamente la Verdad.

Amado estudiante, mientras explico lo siguiente, que es necesario, quiero que tomes la resolución de no sentir temor alguno.

Dentro del pensar y sentir del nivel psíquico actúa lo que se conoce como «la fuerza siniestra», en este mundo. Algunas veces, almas que han alcanzado espléndidos logros interiores, no comprendiendo la realidad de lo que estoy mencionando, han permitido que su atención se detenga o sea atraída a este nivel por el hecho de que se les ha despertado prematuramente una de estas facultades y por razón de que una semblanza de la verdad les ha sido presentada y suficientes fenómenos como para sostenerles la atención. Después de que la atención se fija, todos encuentran que la semblanza de la verdad desaparece.

Uno de los atributos más fascinantes de este plano es el de las falsas profecías, las cuales hacen que el individuo haga otras más audaces aún. De cuando en cuando se cumple alguna para mantener la atención más fuertemente. Junto con esto hay que destacar una sustancia que es introducida en el cerebro (no puedo explicarles más ahora), lo que hace imposible que el maestro interfiera para ayudar, porque implicaría actuar contra el libre albedrío del sujeto, quien ha aceptado la situación. Hay algunos casos en los que el sujeto ha comprendido el error antes de que se haga demasiado tarde, y ante su intensa llamada para ser liberado, uno de los Hermanos ha sido enviado para ese fin.

Ocasionalmente hay alguien que por su gran pureza pasa a través de este plano sin conocerlo o contactarlo. Este individuo es, en verdad, muy afortunado. Las fuerzas en este plano trabajan directamente sobre la naturaleza sensorial y sobre las pasiones del individuo porque es más fácil llegar allí. Los seres que han perdido el poder controlador (dominio) de su pasión —ira o sexo— se han enredado en el estrado psíquico del pensamiento y sentimiento y han abierto así las puertas de sus bellos y maravillosos Templos de Dios.

A través de estas puertas abiertas, penetran las fuerzas de estrado psíquico intensificando sus pasiones hasta una condición incontrolable. Mejor hubiera sido que el individuo pisara una serpiente de cascabel. Una vez enredado en esta esfera psíquica, muy a menudo quedan atados por muchas encarnaciones. ¿Por qué es esto? Porque hacen grabaciones en sus mundos mentales, de las cuales no saben liberarse. Por consiguiente, estas almas nacen de nuevo con iguales tendencias hasta después del segundo y tercer nacimiento. Son las criaturas depravadas que se pueden encontrar a donde quiera que uno va.

A veces la influencia es lo suficientemente maliciosa para ocultarse del mundo exterior durante mucho tiempo, efectuando su obra nefasta en secreto, y aquí es donde está la más lastimosa parte de esta situación, que aparenta ser oculta, pero que no lo es.

En los altos planos hay grandes y bellas almas que voluntariamente bajan a este plano para ayudar a través de sus radiaciones y desligar a la humanidad. Hay voluntarios masculinos y femeninos, pero la mayoría son femeninos.

Hay hermosas almas encarnadas en cuerpos femeninos que se unen en matrimonio exterior con un alma masculina que se encuentre enmarañada en esa condición psíquica, para liberarlos.

Si un individuo llega al punto de casarse en boda humana y llama al Dios Interior, y le dice: «Si esta boda tiene por base un deseo pasional, que no se efectúe», se puede evitar así un gran dolor y tortura.

Y ahora la verdad de todo esto. Quienes por sus propios esfuerzos o por la instrucción que reciben llegan a comprender exactamente lo que significa «La Magna Presencia YO SOY», o sea, el verdadero Ser de cada uno, si ellos se aferran a esta verdad nunca más podrán ser arrastrados a estas discordias mencionadas, *a menos que sea por su propia voluntad llegando a mayores planos de actividad, donde ellos saben exactamente lo que están haciendo.*

En los períodos de guerra se abre con más facilidad la puerta al plano psíquico. Por esto es que se ha observado que después de las guerras hay una mayor manifestación de pasiones incontroladas que en cualquier otro momento.

Este conocimiento no debe causarle a nadie un temor especial al estrado psíquico. Si los estudiantes se encuentran en un momento dado conscientes de estar atravesándolo, deben instantáneamente hacer conciencia: *YO SOY la Presencia Maestra controladora y siempre victoriosa*, y al momento se encontrarán con toda la fuerza necesaria para enfrentarse a las apariencias y atravesarlas serenamente sin temor.

Jesús sugirió que esta explicación fuera dada a todos los estudiantes en cuanto entraran a la Radiación Triple, la que significa precisamente esta actuación, esta práctica de la presencia «YO SOY», del Padre, Hijo y Espíritu Santo o la Llama Triple.

Astrología: Una de las cosas más tristes que tengo que decirte es que muchos de los que tratan de hacer horóscopos están inconscientemente ligándose a la red psíquica, se están haciendo sensitivos y voceros de las condiciones adversas, que existen sólo en el plano mencionado.

Ésta es una de las actividades más lamentables, porque el ser está tan inconsciente de que se ha abierto a una creencia que lo envuelve hasta el punto de que ningún argumento ni razonamiento le cambiará sus convicciones. En los pasados veinte años (esto fue escrito en 1932), la astrología se ha usado para este propósito más que cualquier otra cosa.

Muchas veces el pensamiento o radiación del plano

psíquico dice a través de la Astrología, que ciertas condiciones se manifestarán para el individuo y que no podrán evitarse. Si no está dicho en palabras, se hará sentir. Ésta es una de las razones que provocaron el cataclismo de Atlántida, y es por esto que los Atlantes se negaron a escuchar la voz de los Maestros de Sabiduría que los alertaba del peligro.

Yo comprendo, amado estudiante, que si te interesan los horóscopos, puedes pensar que soy severo, pero no es así. Mi amor por ti es lo bastante grande para decirte la verdad pura. Si no puedes creerla, tendrás que continuar tu propio camino, ya que eres un ser con libre albedrío, a quien no tengo deseos de atacar, excepto para decirte que tengo el privilegio de señalarte el camino.

Quienes se atengan tenazmente a su Presencia «YO SOY», no tendrán que temer jamás ninguna de las cosas que les he referido, porque la Presencia «YO SOY» los corregirá, los mantendrá firmes en el sendero verdadero de la luz, remontando la escala de oro, con pasos definidos, precisos, hasta lograr su dominio pleno y perfecto.

Te aseguro, amado, que mi corazón sangra por quienes están esclavizados por la Astrología, pues se encuentran tan ciegos hacia el espinoso camino que pisan que cuando la agonía de estas heridas sea insoportable será cuando ellos clamarán al cielo, y con todo su ser rogarán: «¡Oh, Dios, enséñame el camino verdadero!»

Amado estudiante, que con tanto empeño buscas la luz; debes saber que no hay sino una Presencia que es tu invencible Protección, y ésa es la Gran Presencia «YO SOY», Dios en ti. No dejes que tu atención se distraiga hacia estas manifestaciones exteriores como Astrología, Numerología, Espiritismo o alguna otra cosa que te quite tu atención de la Magna Presencia «YO SOY» que es tu Ser Real.

Si te vuelves a Él, en todo momento, Él te guiará en el Sendero de luz, con esa quietud que te permitirá entrar al Gran Silencio en la Paz que sobrepasa toda comprensión y donde encontrarás la más grande de toda actividad de Dios, la Presencia «YO SOY».

Amado: no puedes servir a dos amos a la vez y ganar victorias más adelante. Como tienes libre albedrío debes elegir. Si escoges lo externo, olvidando la invencible Presencia «YO SOY», entonces, aunque mi amor te seguirá envolviendo en su gran manto de protección, tendremos que esperar hasta que tú mismo escojas regresar al Dios único.

Si escoges tu Presencia «YO SOY» y permaneces con ella, tus luchas terminarán pronto. Te encontrarás circulando en esa esfera de Paz, armonía y perfección, desde donde observarás al mundo exterior con gran compasión, pero nunca con lástima humana, que ahoga vuestro propio crecimiento.

Esto nos recuerda el antiguo dicho: «Buscad el Reino de los Cielos y todo lo externo te será dado por añadidura». Ese Reino de los Cielos es la Gran Presencia «YO SOY», tu única realidad que es el dueño y dador de todas las cosas creadas y manifestadas.

¿No es extraño, amado discípulo, que se pueda marchar tanto tiempo en la discordia y la limitación cuando en todo momento la Presencia Maestra de la Luz, la Presencia «YO SOY», camina a nuestro lado, esperando que nos volvamos hacia Ella y recibamos sus radiantes y gloriosas bendiciones de perfección en todas nuestras manifestaciones exteriores? Ese es tu privilegio, amado.

Aunque lamento que algunos no sientan aún la verdadera importancia de su Presencia «YO SOY», y que todavía buscan las cosas externas, yo continúo esperando, envolviéndolos en mi amor, porque ellos tienen libre albedrío. Tal vez yo sea un poco anticuado, pero cuando veo individuos tan buenos y tan correctos, quisiera mantenerlos abrazados a mí, hasta que sientan la Presencia «YO SOY» en ellos. Pero esto no me está permitido, pues sé muy bien que todo el que siente el deseo de asirse a lo externo, debe hacerlo hasta que ya no sienta el deseo.

Los estudiantes tienen que comprender que no pueden dividir la atención entre lo externo y la Presencia «YO SOY», porque ello es «la casa dividida contra ella misma» y que tiene que caer, tarde o temprano.

Toda grandeza depende de la Presencia «YO SOY». En Ella está toda la fuerza, el valor y el poder. Ella debe ser el gobierno de la forma. Si estos benditos pudieran sólo realizar el gran privilegio que está a su alcance, en poquísimo tiempo estarían librados de toda limitación.

La Verdad de ese dictado

La situación es la siguiente: cuando los estudiantes preguntan si a ellos les es permitido presenciar estas comunicaciones, tienen el derecho de saber lo que implica este tipo de trabajo. Es muy poco usual, debes saberlo.

Mientras el estudiante no sabe que el Dios Único está viviendo en su interior, que es, siempre ha sido, y será perfecto, su mente y su cuerpo están en un estado de desajuste. La estructura atómica es un instrumento mecánico cuyas innumerables partes deben trabajar en armonía y perfecta cooperación las unas con las otras. Los estudiantes no comprenden que cuando tiene que hacerse una labor específica ha de haber una preparación definida.

El ajuste necesario del cuerpo y el cerebro del estudiante toma semanas, meses o años, dependiendo de las necesidades del individuo.

Jamás en la historia de la preparación del estudiante se

le ha permitido entrar en el círculo electrónico interior del Maestro. A los estudiantes se les enseña la aplicación, pero nunca se acercan al círculo electrónico del Maestro.

Treinta años han sido precisos para preparar el círculo electrónico en este trabajo de dictado. No importa cuán bella sea la radiación y el amor del individuo, nosotros no tenemos el tiempo para prepararlo y ajustar la estructura atómica del cerebro y el cuerpo de los estudiantes en este período de crisis mundial. Sin embargo, con su sincera determinación y el uso de la Presencia «YO SOY», se preparan para la Presencia de la Hueste Ascendida. Por ejemplo, supongamos que hay una persona que está dotada por su naturaleza del talento para las conferencias públicas; si es que lo van a asistir los Maestros Ascendidos, el conferenciante es preparado durante veinte minutos, media hora antes, encerrado en un tubo de luz en el que no entra nada sino la radiación del Maestro inspirador.

Capítulo XXIII

PREPARACIÓN DE LA PASCUA

(Por el Ascendido Maestro Jesús)

Cuando yo actuaba en Judea, hablaba con la autoridad de la Presencia «YO SOY», reconociéndola como el único Poder e Inteligencia actuando o que pudiera actuar. Yo era consciente de la actividad exterior de las mentes en la humanidad que me rodeaba, pero como ya os he dicho, fue sólo cuando empecé a usar la afirmación: *YO SOY la Resurrección y la Vida* que se me reveló completamente la plenitud de mi misión y la forma de cumplirla. Dentro de ti está esa misma Presencia «YO SOY» que usé para perfeccionar lo que a la humanidad en ese momento le parecían milagros. Éste es el punto que quiero afincar hoy en ti. Te aseguro que yo no estaba haciendo otra cosa que actuar en las Leyes Cósmicas que siempre te rodean y que esperan ser puestas en actividad por medio de tu dirección consciente.

El error que cometen los estudiantes y que retarda su adelanto, es el sentir que están representando una falsedad al declarar una perfección que ellos no ven aún manifestada en su apariencia o actividad. Os digo sinceramente de acuerdo con mi propia experiencia, que *tenemos que admitir la única Presencia, Inteligencia y Poder y luego apropiárnosla, reclamándola como nuestra en cada Pensamiento y Actividad.*

Es la única forma en que esta Magna Perfección puede ser incorporada en la plenitud de nuestro uso y hasta en nuestra apariencia exterior. El hecho de que esa perfección en apariencia no se haya manifestado, no te debe impedir aplicarla y reclamarla como tuya propia, ya que cualquiera que tenga una mediana inteligencia puede darse cuenta de que la energía y el principio vital que está usando, es DIOS, la Magna Presencia «YO SOY»; por consiguiente, esa Presencia, su Poder y Energía, está siempre autosostenida.

Al reclamar esta Gran Presencia y su Actividad, estás impulsándola conscientemente en tu vida, tu casa, tu mundo y tus asuntos. Hoy, así como también en el tiempo de mi Ministerio, la lucha económica aparenta ser el peso más grande y, sin embargo, allí, al alcance de tu obrar consciente y la dirección de la gran energía, sustancia y opulencia que te rodea, tienes todo lo que es necesario para atraerte esa maravillosa y siempre presente opulencia de Dios.

Cuando dices «YO SOY» estás incitando a la acción a lo que llena tus órdenes conscientes. Una de las primeras cosas que se aclararon en mi conciencia, fue el poder natural mío y de todos de calificar la energía, de dirigirla conscientemente a que produjera cualquier cosa que la necesidad ordene; todo esto tiene que ser reclamado, ordenado con el esfuerzo determinado y consciente, que sabe que en esta orden consciente *está la Presencia YO SOY hablando y actuando.* Por lo tanto, ella tiene todo el poder y la autoridad para revestir la orden con lo que ella ordene.

En la conciencia de que tú eres la Presencia «YO SOY»

actuando siempre *ya puedes saber que tú eres, en el propio momento de reconocimiento, un invencible imán de atracción* que obliga a cada actividad en el Universo a acudir a ti para cumplir la orden. La única razón que hace que esto no aparente ser verdad, es que en alguna parte de tu conciencia hay una sensación de incertidumbre acerca de tu habilidad o de tu autoridad, o bien del poder de actuar de la Presencia; pero yo te aseguro que es un placer revelarte estas sencillas Leyes que, sin embargo, son grandes e invencibles en su actividad y que te darán el dominio y la libertad por encima de todas estas cosas que parecen montañas de obstrucción en tu sendero. A medida que continúes aceptando y usando estas Leyes, te encontrarás logrando dominio sobre los Cuatro Elementos: Tierra, Aire, Fuego y Agua.

Cuando te hayas hecho consciente de *la Llama de tu Divinidad* estarás actuando desde el más alto de los cuatro elementos, el Fuego, que es la verdadera actividad del Espíritu.

Así como la actividad consciente es con respecto a la inconsciente, así es el uso consciente de la Llama con respecto al conocimiento de la Luz. El elemento natural de tu Alma es la Llama.

Cuando se hace conciencia de que se tiene, se es, se puede usar, dirigir esta Llama Consumidora, se ha entrado al Magno Poder. Cuando se hace conciencia de que ya se dominan los cuatro elementos, *no se tiene sino que practicar el uso para que venga la conciencia de que se puede dirigir el rayo, dominar la tempestad, controlar las aguas y caminar dentro del fuego sin recibir daño alguno.* ¿Cómo quieres que se pueda usar algo antes de haberlo reconocido y sin saber que se tiene la habilidad de hacerlo tu servidor?

Por la práctica de su uso, uno se convierte absolutamente invencible en su dirección. Yo deseo enfatizar que se te están dando exactamente las Leyes que yo usé y que todos los que llegan al estado ascendido tienen que usarlas.

Todo es cuestión de uso, una vez que conoces estas leyes y que la Presencia «YO SOY», que eres tú, tiene toda la Inteligencia, Poder y Autoridad para dirigir conscientemente la energía a través de la actividad de tu mente. Luego, no temas usarla para curar, prosperar, bendecir e iluminar a tu prójimo.

Borra de tu mente para siempre que pueda existir ningún egoísmo en tu reconocimiento consciente de que la Presencia «YO SOY» te dirige o te está dirigiendo. No importa lo que necesites para tu éxito, si te hace más hábil y te da mayor poder para bendecir. Entonces, ¿no ves que no puede existir egoísmo en el deseo de lograr mayor habilidad y perfección? Y aquello de que individuo alguno tenga que esperar que otro adelante para ayudarnos, es un gran error. Es verdad que nadie puede crecer por otro, pero sí puede ayudarlo en gran manera a reconocer con intensidad que diciendo *YO SOY la única Presencia, Inteligencia, actuando dentro de aquel individuo* y esto puede ser seguido por cualquier condición que la persona aparente necesitar.

El primer deber de todo individuo es el de amar y adorar a la única y magna Presencia «YO SOY» que está presente en todas partes.

Tú no ves cómo en esto hay un privilegio gozoso de amar a tu enemigo al decir: *YO SOY la única Presencia y Actividad actuando allí,* porque si la ignorancia de su mente exterior ha creado desorden, dolor y limitación y sabes que esa creación no tiene poder propio, no hay sino la creencia errónea del individuo que la sostenga, por consiguiente no tiene poder autosostenedor. Si has tenido la desgracia de crear inarmonía, desorden, limitación, ¿no ves que tú solo, a través del poder de la Presencia «YO SOY», la Llama Consumidora, llamando conscientemente a la Ley del Perdón, puedes consumir por medio de esa Llama Vital que eres tú, todo lo que has creado en tu mundo erróneamente?

Esto te debe aclarar cómo es que puedes limpiar tu mundo del desorden y las creaciones erróneas. Tú, en forma de Sol, la Luz de la Vida Eterna, juventud, belleza y opulencia sosteniendo en tu mano, para uso instantáneo, el Cetro de Poder de la Presencia «YO SOY» que eres tú mismo.

Cuando quieras hablar con autoridad silenciosamente a otro ser, pronuncia su nombre y encontrarás que la ayuda, la energía que le envías será más fácilmente recibida. Es como llamarle la atención a alguien a quien quieres hablar. Luego le das el mensaje. Es la forma de enviar energía. Puedes así hablar a otro del otro lado de la Tierra, como si estuviera en el mismo cuarto contigo.

Pero si alguien pretende usar este conocimiento para dañar a otro, se encontrará que el bólido electrónico traspasará su propio cuerpo con la intención que envió.

No vaciles, amado hijo. Usa este cetro de tu poder y dominio para sanar, bendecir, prosperar e iluminar, y verás todas las cosas humanas acudiendo a cumplir tu más mínimo mandato.

Capítulo XXIV

A medida que la conciencia de los estudiantes es elevada a la actividad del Elemento Fuego, todo en sus Seres comienza a actuar con una intensidad que ellos no comprenden y, mientras más trabajen en este Elemento Fuego, más necesario será mantenerse en guardia.

El entrenamiento que tratamos de darte para bendecir, proteger e iluminar a los estudiantes, es entrenarse uno mismo a estar en guardia en todo momento, y aunque todos deben comprender y esforzarse en usar la Presencia «YO SOY» para mantener el autocontrol, hay que aprender a permanecer sereno si pasa algo inesperado.

Usa esta afirmación con frecuencia: *YO SOY la Presencia en guardia.*

Si algo inesperado sucede, di solamente: «despediremos esto» y sigue en esa alegre felicidad. Trata de no tener sentimiento, pero has de saber que *YO SOY la Poderosa Presencia gobernando la actividad de cada uno.*

Donde quiera que hay un Centro de Luz de la Intensidad de este foco, está siempre el elemento que tratará de entrar a través de alguien. Si estás trabajando en la casa, sigue usando: *YO SOY la prueba contra cualquier disturbio repentino.* Esto levanta una armadura que mantendrá la atmósfera armoniosa.

Usa a menudo: *YO SOY la Presencia que nada puede*

perturbar. Mantente siempre con una actitud calmada y alegre, ocurra lo que ocurra.

Para alguien a quien desees ayudar, di: *Mira, compañero, a través de la Presencia YO SOY, te doy el poder de controlar esto.*

El gran Amor y la Armonía dentro de los corazones de los estudiantes mantenido durante un período de tiempo suficiente, hace posible casi cualquier cosa. ¿Sientes la gran ola de paz y alegría que viene como la brisa de una mañana de primavera? Te lo explicaré para que veas cuán ilimitado y maravilloso es ese cuidado amoroso.

El Gran Maestro que Jesús contactó, el cual lo ayudó a ganar la Victoria, es el mismo que fue mi Maestro, y fue Su Radiación la que nos llegó ahora. Él desea que Yo te diga que «a medida que avances en el camino de la Luz, encontrarás que la manera más fácil de saltarte un inconveniente es dándole la espalda y olvidándote». Tendrás el nombre de este Maestro más tarde.

Para las actividades erradas di: «Esto no es correcto» y después rápidamente pásalo. Esto elimina el disturbio que crece.

A medida que nos acercamos a la Luz, somos una gran familia. Sabiendo que solamente hay «Una Gran Presencia YO SOY» en todas partes, siendo tú la individualización de eso, sólo puede haber una gran familia, Hijos del Dios Único.

En principio entiende bien esto: Si un individuo valioso es muy crítico, di con certeza bien definida: «No hay nadie que desea inmiscuirse en tu libre albedrío. No nos molesta el cuestionamiento sincero, pero no toleramos la crítica ni las discusiones».

El Mensajero debe negarse a aceptar las cosas discordantes emanando el Elemento Amor para que aquéllas sean consumidas. El Mensajero debe estar fortificado, porque si no, el trabajo quedará a medio hacer. Ninguna clase o trabajo del Mensajero puede ser sostenido, si permite que un argumento o un sentimiento discordante sea generado.

Es muy difícil que el individuo común comprenda que la manera más fácil de impedir cualquier clase de disturbio sea *la de cesar la discusión sobre ese punto.*

Lo único que precisa atención es lo que está en tu Aura. Lo que está archivado en tu Atmósfera solamente puede salir a través de tu sentimiento. La palabra hablada, a menos que tenga un sentido de condenación o de furia tras ella, no grabará la inarmonía en tu Atmósfera Interna.

De las dos condiciones indeseables siguientes, es mucho mejor que uno explote y saque la cosa de su mente, que guardarse dentro el resentimiento o rencor de haber sido herido, pues eso es lo que se registra en tu Atmósfera Interna. Desde mi punto de vista, veo lo que está registrado en tus sentimientos y por lo tanto en tu Atmósfera Interna.

Sabes cómo se forma un avispero; pues bien, déjame decirte que en tu mundo mental pasa exactamente lo mismo que cuando un avispero se manifiesta en el mundo físico.

Es muy importante que hagas algo para que no alberges un sentimiento contra personas, sitios, cosas o condiciones, porque éstas se amontonan y se graban en tu Atmósfera Interna.

Si se te presenta un deseo como «desearía que fulanito hiciese tal cosa» transmútalo inmediatamente y di: *Solamente Dios en Acción está allí.*

Cuando un sentimiento se registra en tu Atmósfera, se ancla allí hasta que lo disuelvas o lo consumas. Es siempre el sentimiento el que hace el Archivo Interno.

No tiene ningún sentido consumir una cosa si no rompes con el hábito de generar la Causa. Se puede conquistar esto fácilmente diciendo: *YO SOY gobernando aquí.* No dejes que tus pensamientos corran desenfrenados.

Muchas veces los individuos son asociados o reunidos con el único objeto de obligarlos a corregir estas actividades sutiles a las cuales la mayoría de las personas no ponen atención. Esto consiste solamente en aquietar lo externo para que la Verdad sea recibida. Esto es vital en la autocorrección del individuo.

A medida que te eleves en conciencia, la energía estará esperando la expresión como alud, y si la energía no es controlada, se precipitará veloz y hará que realices cosas que nunca jamás hubieras hecho. Cualquier energía que se te da para tu uso es para que la sueltes en el mundo externo con armonía. Ésta es la Ley de Tu Ser: la Ley Natural.

Si no comprendes que tienes que gobernar la energía que fluye a tu través, esa energía será calificada por esa discordia y se deberá transmutar inmediatamente calificándola de nuevo con Amor. En mi experiencia, si yo encontraba un elemento discordante decía simplemente: «¡Bien! Cierro mi puerta, y tú te quedas afuera».

La energía Universal que fluye a través de ti tiene una naturaleza armoniosa. Cierra la puerta y piensa qué es lo que importa.

La humanidad hace resistencia a las personas, sitios, condiciones y cosas porque no se ha perfeccionado. Los estudiantes deben mantener esta armonía autogobernada dentro de ellos el tiempo suficiente para que se cree un empuje que vendría a ser el guardián permanente.

Si mantienes armonía dentro de Ti, te digo que tú atraerás todas las cosas buenas hacia Ti mismo. *El indicador que no falla es que, en el momento en que exprese alguna clase de discordia, debes darte cuenta de que eres el único a culpar.* No necesitas llevarlo escrito para recordarlo.

En el momento en que hay algo discordante, el indicador nos da la señal de alerta para que nos pongamos a trabajar en nosotros. Cada individuo es en todo momento su propio guardián e indicador.

Existe un solo Poder en el mundo que puede corregir cualquier cosa, y ésa es la Presencia «YO SOY» en cada uno. Si nos negamos a reconocer que nosotros somos los creadores de nuestras dificultades, ¿cómo entonces podremos corregirlas o liberarnos de ellas?

No hay persona, sitio, cosa o condición alguna que garantice que nunca seremos perturbados con nuestra «Presencia YO SOY» siempre presente, pulsando nuestros corazones a cada momento. Si uno corrige estos sentimientos discordantes, dejará que la «Gran Presencia YO SOY» inunde su mundo con toda la Perfección. Si el individuo no se corrige ¿cómo podrá alcanzar la Victoria Eterna?

La «Presencia YO SOY» es Todo el Poder del Universo para hacer esa corrección. Deja que la «Presencia YO SOY» fluya, hasta que lave todo y quedes limpio.

Cuando tu atención se fija firmemente en la «Presencia YO SOY» que eres, es como si tu cuerpo fuera una esponja muy fina a través de la cual esta Energía Pura se derrama y lo limpia de toda imperfección. Si nosotros detenemos la discordia, el «arroyo de la Presencia YO SOY» limpia automáticamente todas las impurezas. Por lo tanto, tienes un poder ilimitado en tus manos para intensificar las órdenes correctas.

Incluso desde el punto de vista científico, sabiendo que las células del cuerpo son renovadas en menos de un año, si se cortara la discordia por igual lapso, la mente y la forma expresarían Juventud Eterna y Perfección.

Acaso por un sentido de falso orgullo o algo semejante, la humanidad no quiere enfrentarse a la Verdad de que *la Causa está dentro de ella misma.*

El hábito de culpar a otros por lo que nos pasa a nosotros es lo que nos ciega para ver la Verdad y prevenir la autocorrección.

Una maravillosa ilustración de esto se manifiesta en la bella infancia. Hasta que el niño no es lo bastante grande para empezar a acumular la discordia, su cuerpo es bello y expresa la Perfección. Esta Perfección de forma se mantendría siempre, si no entrara en la conciencia del niño la discordia del mundo exterior. Hay quienes me dirían: ¿Y qué pasa con el niño que nace enfermo y perturbado? En la mayoría de casos esta condición viene de la encarnación precedente, o en casos raros, cuando hay una discordia muy intensa entre los padres, ésta puede ser lo suficientemente fuerte para manifestarse en el niño. Pero vosotros os daréis cuenta de que en esa clase de casos, a medida que el niño empieza a crecer y desarrollarse, el disturbio se notará cada vez menos. Ésa es la prueba absoluta de que la discordia no fue su propia creación, sino que fue impuesta en él por los padres, porque su alma era lo suficientemente fuerte para elevarse por encima de ella.

En este punto en particular, uno debe comprender las condiciones asombrosas de sugestión que rodean a los individuos. Por ejemplo, tomemos el ambiente y la asociación de individuos que tienen el hábito de andar juntos. En esa asociación amistosa, cada uno es susceptible a la sugerencia del otro; si ésta es discordante, las asociaciones se romperán tarde o temprano por una gran pelea. Sin embargo, una gran mayoría de los individuos que se mueven en el mundo externo, no se dan cuenta de que están siendo sugestionados, ya sea por asociación, ambiente o por condiciones expuestas ante ellos.

La actitud correcta del estudiante que conoce la Presencia «YO SOY» es la de adoptar de inmediato la posición firme de que *YO SOY protegido invenciblemente con-*

tra toda sugestión imperfecta. Así puede construir a su alrededor una atmósfera que ahuyentará todas las sugestiones que quieran introducirse procedentes de un elemento destructivo.

Creo que es necesario llamar tu atención hacia tus viejos libros que decían: «Si la primera vez no triunfas, inténtalo de nuevo». No hay manera de ganar la Victoria y el Dominio sobre la limitación, excepto la de mantenerse batallando hasta que lo logras. Si dudas de tu logro, estarás posponiendo la victoria durante ese mismo tiempo.

Aquellos estudiantes que realmente empiecen a comprender que en el reconocimiento y uso de su «Presencia YO SOY» tienen el Poder Universal a sus órdenes, sabrán que es imposible que fallen en su aplicación. Mientras más lo uses, más obtendrás de su Poder sostenedor.

Cada vez que sientas una manifestación del Cristo, di: *Yo te alabo y acepto la Luz de tu Presencia, la Actividad del YO SOY completa.* Toma esta actitud siempre, y después cierra la puerta a cualquier creación discordante e indeseable de lo que ya ha pasado.

Recuerda siempre que eres el amo de lo que venga a tu mundo del pensamiento, y a menos que te des cuenta de que eres el amo serás susceptible a toda clase de pensamientos y sentimientos. Para otros, sabe que *YO SOY la Presencia llevando a* (fulano) *al logro de* (x condición). Si ponemos atención a una condición de disturbio, le estamos dando poder a otra cosa que no es la «Presencia YO SOY».

Capítulo XXV

DÍA DE NAVIDAD

Este día, como representación del Nacimiento de la Actividad Crística en los seres humanos, siempre nos parece bellísimo por la conciencia que transmite a la humanidad y a los estudiantes que se han dado cuenta de lo que el uso de la Presencia «YO SOY» significa para ellos al poner en movimiento el Amor y la Inteligencia a sus órdenes, de acuerdo con el uso que le quieran dar a ese Poder Ilimitado.

¿Te has preguntado, como muchos otros, cómo se alcanza la conciencia Crística? El primer paso poderoso radica en el reconocimiento de la Gran Presencia «YO SOY», Dios viviente en ti. El segundo paso es el uso de la Presencia «YO SOY», porque cuando dices «YO SOY», con el conocimiento de lo que esto quiere decir, habrás entrado en ese mismo momento en la Conciencia Crística, sin que esto signifique que inmediatamente puedas expresar la plenitud de la Conciencia Crística, porque primero deberás saber hacia dónde vas, y lo que deseas hacer antes de que lo puedas realizar.

Todos los que han ascendido han seguido el mismo camino, y usado idénticamente la misma aplicación, porque todos los caminos llevan al Gran Sol Central, a la Divinidad.

Nuestro Amado Hermano Jesús llevó a cabo una de las más grandes bendiciones para la humanidad, no solamente dándonos el ejemplo desde su nacimiento y alcanzando la Ascensión, sino también dejando el Registro Eterno que permanece radiante, dándose Él mismo a la humanidad. Los que no han ascendido se dan poca cuenta de lo que esto significa para la humanidad: un Faro Eterno que los guía hacia la Luz, y con el ejemplo de la Ascensión, Jesús estableció definitivamente no sólo lo que podía hacerse, sino lo que se hará eventualmente.

Grandes fueron las maravillas que Él hizo y, sin embargo, nos hizo la promesa maravillosa de que «Cosas más grandes que éstas aún podéis realizar vosotros». Muchas veces los estudiantes se preguntan qué cosas más grandes de las que hizo Jesús pueden hacerse, pero Él nos dice que solamente hizo unos pocos de los tantos servicios Universales que se les puede dar a nuestros hermanos humanos.

Para nosotros, este día siempre simboliza el comienzo consciente del más maravilloso de todos los logros, la Ascensión. En el momento en que el individuo se hace consciente de esta verdad, el proceso de su propia Ascensión ha comenzado y tomará más o menos tiempo de acuerdo con la plenitud de su capacitación en esta Verdad.

Mi experiencia personal fue que cuando yo me di cuenta de lo que esto significaba y empecé el uso de la Presencia «YO SOY», encontré, después de un corto tiempo, que estaba fuera del tiempo y del espacio, y que cada día que pasaba, a medida que penetraba más en esta expansión de conciencia, me daba más cuenta de que todas las cosas que deseaba estaban dentro de mi alcance, y nótese bien, justo dentro de mi poder individual gobernante; y con esto vino la conciencia de que *el Amor Divino es la*

Poderosa Fuerza cohesiva que mantiene todas las cosas juntas y en su sitio, que este Amor Divino dentro de mí, el cual había empezado a aprender, me hacía un imán invencible que atraía todo lo que pudiera desear.

Esta simple Verdad tan poderosa es una de las que llegan primero al estudiante y hace que uno comprenda que verdaderamente puede salir por encima de todas las limitaciones aparentes a nuestro alrededor y, después, se da cuenta de que una por una han desaparecido.

Después viene el Gran Empuje y la Provisión Abundante de este Poderoso Yo Interno, que contiene la sustancia de todo lo que el corazón puede desear dentro de Su Propio Abrazo, y date cuenta de que tu habilidad y autoridad de calificar y moldear esta sustancia es lo que hace que ésta tome la forma de lo que necesites, sea paz, amor, oro o iluminación.

Te digo, amado estudiante: «Despierta a tu autoridad, a tu derecho, a tu habilidad consciente, a aplicar esta Gran Ley a tu perfecta salud, juventud eterna y belleza, las riquezas de Dios, la glorificación de tu mente y cuerpo, y después a ascender al Dominio Elevado, hacia tu Eterna Libertad».

Después de que empieces a encontrar, paso a paso, que lo estás logrando, irás olvidando toda esa condición externa que surge a tu alrededor y gozarás el sentimiento glorioso de estar sujeto en el Gran Abrazo de esa Poderosa Presencia-Maestro Interno, que está por encima del Tiempo y del Espacio.

Tú eres el amo y tienes dominio sobre tu Vida y sobre tu mundo en el momento en que reconozcas que esa Energía, Poder e Inteligencia que estás usando es la *Poderosa Presencia YO SOY.* ¡Qué afortunadas son esas individualizaciones sobre la Tierra cuando se dan verdadera cuenta de esta Verdad!

Jesús dijo: «Conoced la Verdad y Ella os hará libres». Ésta es una de las máximas más poderosas de esa Verdad. Aplícala, ¡oh amado mío!, con toda determinación, dejando fuera de tu mente toda incertidumbre y subirás firmemente esa escalera del logro magnífico; y cuando te des la vuelta y contemples cada escalón ganado, mucho más brillará ese resplandeciente esplendor y entonces te preguntarás: «¿Cómo pude haber estado tanto tiempo en las tinieblas, cuando sobre mí estaba la *Poderosa Llama de la Vida*, lista para consumir instantáneamente toda mi creación desafortunada e ignorante?»

Yo te digo, amado mío, que no tienes que esperar indefinidamente estando en el conocimiento de esta Poderosa Presencia. Pon tus brazos alrededor de Ella con toda la adoración que puedas ordenar, y Ella te elevará rápidamente fuera de todas las limitaciones aparentes, vistiéndote en ese inconsútil Ropaje de Cristal, Esplendoroso, con esa Luz Radiante y sostenido con un Cinturón de Piedras Preciosas, que tienes derecho a lucir, y en tu mano ese Cetro Esplendoroso del Dominio, el Reflector de tu Poderosa Alma, que puedes dirigir sobre cualquier cosa, sitio o cumbre y atraer hacia ti la revelación desde su interior. Ése, amado hermano y hermana, es el cuadro del logro que nosotros hemos usado y alcanzado. Sabemos que eso es lo que puedes hacer, porque nosotros lo hemos hecho.

Nunca te canses de la conciencia de que: *YO SOY la Presencia ascendida* y cuando tú digas esto, sabe: *Es la fuerza autosostenida que emana, por medio de la cual puedo alcanzar el dominio completo.*

Me hace muy feliz estar de vuelta al hogar otra vez, por la alegría de tu corazón, al ver todos los peldaños de la escalera que ya has dejado atrás, y porque ya tienes la conciencia consciente de que puedes alcanzar el más Grande de todos los regalos de Dios, la Plenitud de Él.

Es con mucha alegría que te voy a decir también unas pocas palabras por el Rayo de Luz y Sonido, para responder en persona las muchas llamadas de los corazones a Cha Ara.

Me he reído mucho, a carcajadas, durante mis visitas a los estudiantes, que tienen tanto deseo de que me haga visible, cuando todavía algunos de ellos, al más mínimo movimiento no usual, retienen el aliento por miedo a que yo actúe. Es jocoso observar que a pesar de que la actividad externa del yo desea tanto algo, al mismo tiempo experimenta toda clase de sensaciones espeluznantes. Pero, amado mío, yo te digo esto: «No puedo aparecer tan horroroso como pensáis, así que por lo menos confiad en que tendré una forma o apariencia agradable y al mismo tiempo, para beneficio de las amadas hermanas, haré todo lo posible por traer conmigo un ramo de rosas.

Pregunta.— *¿De Cachemira?*

Respuesta.— *Eso sería muy apropiado.*

Pregunta.— *¿Por qué no de su propia fabricación?*

Respuesta.— *Eres avispado. Yo no necesito comprarlas como tú, porque tengo el privilegio de elaborar las mías.*

Mi palabra a ti es para encomendarte y presionarte a que continúes siendo esa Maravillosa, Gloriosa Presencia de Amor y buena Voluntad, no solamente para con nosotros, sino también para contigo mismo, ya que forma una maravillosa condición en donde la expansión de la conciencia avanza a saltos y brincos gigantescos.

Te recomiendo que tengas el sentimiento de certeza al aceptar nuestra «Presencia» y la conciencia de la habilidad para aplicar la Ley de la Presencia «YO SOY», dentro de ti mismo, porque está aumentando con gran velocidad.

No te desanimes en tu llamada para nuestra apariencia

visible. Nuestro oído funciona perfectamente, te lo aseguro, y hay en la llamada algo que necesitas. En la llamada para la manifestación de una cosa hay una cierta acción vibratoria que el estudiante necesita, que no puede ser explicada, excepto cuando se ve desde la Acción Interna.

América

¡Oh las Américas! ¡Preciosa Joya en la Corona, la diadema de la Tierra, esa Flor de Sabiduría Antigua y Luz! Otra vez volverás al poder de tu florecimiento pleno a pesar de todas las obstrucciones aparentes y de las apariencias presentes que digan lo contrario.

«Dentro de tu alma, ¡oh poderosa América!, está el poder de libertarte de la careta que se ha adherido a ti, la careta de egoísmo y de la creación de la actividad externa de la mente de seres humanos dormidos. Así, volverás a la plenitud de la Luz que es tuya por derecho de nacimiento.»

Amado estudiante de esta radiación; no importa cuál sea la apariencia en la actividad externa, no permitas que esa apariencia se encuentre en tu conciencia o en las sugestiones de otros en lo concerniente a América. Mantente sereno en tu Dominio dado por Dios, sabiendo la Verdad, viendo a América libre, gobernada por el Amor Divino y la Justicia.

La red de fuerza siniestra de la Tierra que aparentemente ha envuelto a América encontrará todavía la «Espada de la Verdad y de la Luz» que rasgará esa red en todo sentido, haciendo de ella una Cruz de Libertad, de Luz y Justicia que no tendrá fin.

La cosa de más valor que un individuo puede hacer en su vida por las cosas a las cuales no puede prestar ayuda es la de cerrar sus ojos a la apariencia de éstas, reconocer y poner en acción el Poderoso Poder de la Presencia «YO SOY».

¿No ves, amado estudiante, que es muy tonto seguir aceptando la apariencia, a través de la sugestión o de otra manera, de que tú no quieres nada, sea en lo nacional, estatal o personal que no tenga la apariencia de Perfección, sabiendo que tienes tan extraordinario privilegio de poner en actividad la Poderosa Presencia «YO SOY» para corregirla?

El hábito de la humanidad ha sido siempre ver la imperfección donde nosotros vemos perfección. Ahora, en el reconocimiento de la Poderosa Presencia «YO SOY», acepta plenamente su perfección cada hora del día. Esto no quiere decir que trabajes en esto sin interrupción, pero puedes, por lo menos una vez cada hora del estado de vigilia, afirmar: *Acepto la actividad plena de mi Poderosa Presencia YO SOY.*

Cada vez que afirmes esto, estarás aumentándola poderosamente en la actividad exterior, porque ya la usas, y entonces, ¿por qué no reconocer siempre quién y qué es lo que estás usando, dándole así el dominio que Ella desea manifestarte?

De esta manera podrás poner en movimiento este poder invencible para la libertad, protección y bendición de las Américas. Aún no puedes ni soñar la poderosa potencia y el poder de ajuste que ésta puede causar cuando es puesta conscientemente en movimiento por una o más personas que reconocen Su Poder Invencible Universal.

Ahora déjame sugerirte que en vez de escuchar las lamentaciones constantes de toda clase de actividades destructivas, la Presencia «YO SOY» las consume, y recalifica toda esta energía con Libertad, Protección y Perfección para las Américas y el mundo entero.

Como estímulo te digo que todos esos seres hermanos que empezaron la causa de esta condición presente, no podían entrever que todo esto iba a quedar fuera de su control, y a través de esto, muchos de ellos han perdido la habilidad externa de seguirlas alimentando. Así que quienes están tratando de atraer la prosperidad otra vez por el uso ilimitado de certeza, encontrarán que las cosas se saldrán de su control, y en vez de una prosperidad temporal las cosas pasarán rápidamente a la prosperidad verdadera.

Ahora, como en todo tiempo de caos aparente, la paz vendrá a la Tierra, la buena voluntad al hombre, y la Luz del Cristo que se expande en los corazones de los individuos, que penetra en la Tierra, atraerá a Sí mismo lo Propio.

Para tu beneficio, amado estudiante, yo te pido que no discutas las cosas discordantes más de lo que es necesario para comprender una situación. Después dales la espalda completamente, y nunca permitas que atraigan tu atención otra vez, porque yo te aseguro que con lo que juegas en tu conciencia, encontrará expresión en tu Vida y Mundo. Así que llénala con la Gran Presencia «YO SOY» que contiene la Poderosa realización de cada uno de tus deseos.

Contempla esa Perfección, la Perfección Plena de Su Actividad, por doquier en tu Vida y Mundo. No te dejes afectar o perturbar por la creación de otros que tú no puedas ayudar de ninguna manera, excepto viendo la Perfección, sabiendo que detrás de toda sombra aparente está la Esplendorosa Luz Blanca de la Presencia «YO SOY».

Esto, amado mío, es el saludo que te dejo para esta estación del año. Para cerrar, mi mamá y otros de la Hueste Ascendida, algunos que tú no conoces, pero que te conocen a ti, te mandan sus saludos de Amor, Paz, Opulencia y Fuerza, a fin de bendecirte en el camino de la victoria final.

Deseo decirte unas cuantas palabras a modo de conclusión, y es que les exijas a los estudiantes que reconozcan que cuando ellos dicen: «YO SOY», para realizar cualquier cosa que deseen, no están poniendo solamente en movimiento la Gran Presencia «YO SOY» en acción para cumplir este mandato, sino que tienen que sentir profundamente que Ella contiene dentro de Sí el Poder Autosostenido, Autoemanado y Autoexpandido.

Repetir es bueno, y muchas veces es necesario para producir una convicción más profunda en el presente avance de los estudiantes, pues ellos deben hacerse más conscientes del poder innato, inherente, autosostenido de ésta. Esto daría a la conciencia externa una comprensión más amplia del poder sostenido, para que así, aunque la actividad exterior esté ocupada en otros quehaceres, ésta mande la descarga hacia cualquier realización una vez cada hora sin interferir con el trabajo del estudiante.

Es un gran error el del estudiante que deja registrar en su mente la idea absurda de que no tiene tiempo para esas cosas, cuando sólo toma un momento realizar poderosamente la Actividad Potente e Invencible de su Presencia «YO SOY» para cualquier cosa en la cual su atención necesite ser usada.

Sin embargo, esta afirmación puede ser de gran ayuda: *YO SOY la Poderosa Presencia ordenando el Tiempo todo el Tiempo que necesite para la realización y aplicación de esta Poderosa Verdad.*

También si muchas veces durante el día uno toma la conciencia por algunos momentos de que *YO SOY la única Inteligencia y Presencia actuando*, esto ajustará las cosas de una manera natural de acuerdo con la necesidad. Es fácil poner la conciencia en movimiento, sabiendo que uno no está restringido por ningún sentido de limitación.

Están emplazados en el Cinturón Etérico, encima de la Atmósfera de la Tierra. La radiación emana desde este Cinturón hasta la Tierra a través de su atmósfera. El Cinturón Etérico alrededor de la Tierra es muy diferente al que hay alrededor de Venus. Venus está dentro del cinturón Etérico, mientras que la Tierra está más abajo.

Advertencia: No le des reconocimiento a nadie que sea una herramienta para la fuerza siniestra. Simplemente piensa que: *Solamente existe la Presencia YO SOY, Inteligencia, Luz y Poder actuando.* A ti no te concierne ninguna actividad personal de ninguna especie en ningún momento.

La actividad del estudiante es ver la Perfección, sentirla y serla, no importa cuál sea la apariencia humana.

Capítulo XXVI

Cada estudiante debe recordar con toda seguridad que en este poder vivificante de la Presencia «YO SOY» dentro del Ser, todo lo bueno o malo es activado si hay latentes en la conciencia, rebeliones, resentimientos o la inclinación a juzgar. Quiere decir esto que todo cuanto vaya a ser consumido saldrá a la superficie, y yo te digo sin vacilación alguna que a menos que consumas conscientemente aquello que surge a la superficie, eso te consumirá a ti.

Si uno comprende que se está dejando llevar por la ira, debe tomar las riendas y decretar el mandato a través de la Presencia «YO SOY», declarando que aquello sea gobernado armoniosamente. Ahora, déjame recordarte otra vez que lo primordial en tu progreso es la autocorrección; y que no hay persona, lugar, condición o cosa a la que se pueda culpar por lo que uno mismo se empeñe en alimentar. Esto es imperativo para tu progreso futuro; si has llegado a un punto donde semejantes condiciones sutiles se producen, hay que ponerlas muy en claro y que se comprendan muy bien, porque si no te enfrentarás a condiciones que no podrás controlar.

Te repito que debes estar muy animado porque los adelantos que has hecho en tu propio control y tu completa aceptación de estas grandes leyes de la vida, además de tu completa voluntad de aplicar el gran látigo de la autocorrección, porque te digo francamente y te hablo con experiencia, que la actividad exterior que llamamos humana, tiene que ser castigada sin vacilación antes que sea traída a la sumisión del mandato Divino. Si yo te di el uso del Rayo o la Llama a través de la mano, es precisamente porque las mentes de algunos se están entonando o afinando con más rapidez de lo que está siendo elevada la estructura atómica del cuerpo. Esta actividad de pasar la mano por encima del cuerpo mantendrá el balance de la vivificación de la mente y la elevación de la estructura atómica.

Me agrada mucho brindar toda asistencia a los estudiantes, y lo hago con la mejor voluntad, pero hay ciertos límites que no puedo sobrepasar, porque los estudiantes tienen que avanzar por sí mismos en su conciencia; sin embargo, debo alertarlos, que no pueden ofrecerle a la Presencia «YO SOY» una atención dividida (parece que el Maestro se refiere a quienes entrando a practicar la Presencia «YO SOY» y el Cristo: Dios en vosotros, también suelen ir a consultar espiritismo y brujería), hacer lo cual equivale a mandar un chorro de energía para darle poder a estas cosas que son negativas y simplemente se está retardando el adelanto.

Hablo por experiencia. No es posible dividir la atención compartiéndola entre la Presencia «YO SOY» y las cosas exteriores, si es que se desea superar más allá de lo común.

No quiero causarle ningún choque a ningún estudiante, pero debo deciros la verdad: si vosotros, amados estudiantes, que habéis llegado hasta este punto, no sois capaces de dedicar toda la atención a la Presencia «YO SOY», excluyendo toda otra forma de oración o tratamiento, os estaréis cerrando la puerta de nuestra ayuda por mucho tiempo. Esto no pasará si, siguiendo las instrucciones, hacéis un esfuerzo sincero cada vez que la atención se os va y la regresáis con firmeza diciendo: *Le doy todo Poder a mi Presencia YO SOY que soy, y me niego para siempre a aceptar toda otra cosa.*

Deseo preparar a los estudiantes, porque vendrá un momento en que no tendréis el sostén de nuestros mensajeros, sino que tendréis que apoyaros en vuestra habilidad de asiros con mano tan firme a vuestra Presencia «YO SOY», que siempre recibiréis su gran poder sostenedor.

Es un error, e inútil además, que algún estudiante, después de recibir meses de instrucción, se permita cada día o cada tantos días dejarse caer en depresión y en dudas del poder interior o de su habilidad para aplicarlo. Esta actitud mental infantil, si no es corregida, cerrará la puerta a la Verdad con el tiempo.

Cada estudiante debe tomar una posición positiva, en el momento en que una discordia de cualquier clase pretenda entrar en tu mente y debes asegurarte tu dominio declarando: *YO SOY la Poderosa Presencia que gobierna mi Vida y mi Mundo y YO SOY la Paz, la Armonía, y el Valor Autosostenido que me llevan serenamente a través de todo lo que pueda confrontarme.*

Sin embargo, es tan importante que los estudiantes tengan el beneficio de los manuscritos, que debemos interrumpir la instrucción hasta que éstos sean terminados, pues es la habilidad de los estudiantes de captar lo que dicen los manuscritos, que hará que el gran Juez determine lo próximo a dárseles. No podemos bajo ninguna circunstancia llevar al estudiante más allá del punto en que él se sienta bien fortificado.

Debo decir para protección de los estudiantes, que si se os manifiestan ciertos fenómenos, permanezcáis en calma, ecuánimes y sin impresionaros, siguiendo serenamente y no permitiendo que éstos fijen vuestra atención, porque en un número tan grande de vosotros, no faltará quien haya generado energías de estados de conciencia pasados, que puedan producirle esos fenómenos, y en ese caso debe declarar firmemente: *YO SOY la Presencia que gobierna esto y que lo utiliza para su más alta expresión y uso.*

Te aseguro que no necesitas desear que se produzcan manifestaciones sobrenaturales, porque el progreso natural de tu Ser producirá abundantes manifestaciones cuando te llegue el momento; pero advierto que no me refiero a las apariciones de los Maestros Ascendidos, porque eso es algo enteramente distinto y no debe interpretarse como fenómeno. Ahora conviene que se haga esta afirmación: *Gran Presencia YO SOY, llévame dentro de ti, e instrúyeme y haz que yo retenga la memoria completa de estas instrucciones interiores.*

Como Mensajeros de la Luz, el entrenamiento que representa esa afirmación es esencial, pero no debe causar ni ansiedad ni tensión en el deseo de retener esa instrucción en la memoria, porque semejante actitud podría cerrar la memoria exterior.

No puedo menos que sonreír al ver que algunos estudiantes estáis a punto de experimentar cosas sorprendentes, pero confío en que siempre os mantendréis serenos sabiendo que *YO SOY la Única Eterna y Autosostenida Vida en Acción* y que se quiten para siempre de la conciencia, de que existe en todo el Universo la llamada muerte. La actividad exterior de la mente y el mundo es un *Maya* que pasa y se mueve como las arenas del desierto, y no deben causarle a nadie ningún temor, porque *YO SOY la Vida eterna que no tiene comienzo ni fin.*

Del corazón del Gran Silencio brota la corriente de vida incesante de la cual cada uno es una parte individualizada: Esa vida eres tú; eterna, perfecta, autosostenida; y los trajes con que se vista importan poco hasta el día en que se llegue al punto del reconocimiento; en este momento el individuo se ha preparado para llevar el «manto sin costuras» autosostenido y radiante, con todos los colores del espectro.

Entonces puede uno regocijarse con ese manto que es eterno, siempre radiante, inmutable, que lo separa de la rueda de causa y efecto, haciendo de él un ser únicamente de causa. Esa causa es la radiación del Amor Divino siempre emanando y evolucionando de su consciente, equilibrado, estabilizado, radiante centro divino, o sea, el corazón de la Presencia «YO SOY», que es juventud y belleza eterna, la toda sapiente Presencia que contiene en su autoconsciente: acción, el pasado, el presente y el futuro, que después de todo no son sino el *eterno ahora.* Así es la eterna eliminación de todo tiempo y espacio. Entonces hallarás tu mundo poblado de seres perfectos; tus edificios decorados con joyas selectas; tú de pie en el centro de tu creación («la joya en el corazón del loto») siendo sus pétalos las grandes avenidas de su actividad perfecta.

Ese es el humilde cuadro de lo que tienes por delante, llamándote a que entres en tu perfecto y eterno hogar y radiación. Ves tú, siento esa radiación gloriosa, y si logras centrarte en la Presencia del Amor Divino y mantenerte allí firmemente, ¡qué maravillosas experiencias te vendrán si sólo pudieras dejar afuera la interferencia de la actividad exterior mental!

En cuanto uno tome la actitud de *YO SOY la Presencia del Amor Divino en todo momento,* hará esas cosas maravillosas. El uso de esta afirmación, si se siente, cierra la puerta en todos los momentos a las actitudes exteriores de la mente. La solución de cada problema está siempre a la mano porque la Presencia «YO SOY» siempre contiene todas las cosas dentro de ella.

Una demanda es impulsar a la petición a que se manifieste. «YO SOY» es el principio activo inteligente dentro de nosotros, el corazón de nuestros seres, el corazón del planeta y el corazón del sistema. No puedo reprimirme de recordarte de nuevo, porque ellos deben siempre saberlo, que cada vez que dices «YO SOY», estás liberando una materia prima autosostenida, todopoderosa, única e inteligente energía. Persiste y entrarás en una condición suprema y maravillosa.

Cuando miras al Sol Físico, en realidad estás haciéndolo al gran Sol Central, al propio corazón de la Presencia «YO SOY». Debes tomar la determinación incondicional de que *la Presencia YO SOY gobierna completamente este cuerpo físico y lo obliga a la obediencia.* Mientras más atención le des a tu cuerpo físico, más dueño se hará de ti y más te pedirá y continuará ordenándote.

Cuando el cuerpo físico está crónicamente enfermo o continuamente manifestando disturbios, comprueba que se le ha dado atención especial por un largo período de años a una u otra perturbación y nunca mejorará hasta que no se tome la actitud positiva y se le obligue a la obediencia. Puedes producir positivamente lo que quieras de tu cuerpo si fijas tu atención en la perfección de él, pero no permitas que tu atención descanse sobre sus imperfecciones.

Para la ascensión: *YO SOY la Presencia que ordena.* Usa esto a menudo porque aquieta la actividad exterior de modo que te puedas centrar en la actividad del amor.

En el instante en que sientas algo discordante, vuélvete para otro lado; tienes el cetro de Poder en tu conciencia; ahora *¡úsalo!*

Tienes que seguir la orden de Jesús, no mires a ningún hombre de acuerdo con su carne. Esto quiere decir exactamente que no reconozcas imperfección humana en pensamiento, sentimiento, palabra o actuación.

Algo muy poderoso en los problemas es la simple conciencia de *Dios en mí, Presencia YO SOY, manifiéstate, gobierna y resuelve esta situación de manera armoniosa.* Obrará milagros, pues el todo es invocar instantáneamente la Presencia «YO SOY» y ponerla a trabajar.

Jesús dijo: Pide y recibirás; busca y encontrarás; toca y te será abierto. Dile pues a tu Ser Divino: *¡Óyeme Dios! Ven acá y cuídame esto.* Dios quiere que tú lo pongas a trabajar. Esto abre el flujo a la energía Divina, la inteligencia y la sustancia que salta a cumplir la orden.

Capítulo XXVII

VÍSPERA DE NAVIDAD

(Por el Amado Maestro Jesús)

Te traigo Amor y Saludos de los muchos que integran la Hueste Ascendida, de algunos a los que conoces, y de otros a los que ya conocerás.

YO SOY la Luz, el Camino y la Verdad: es la campana de Navidad que todavía suena por el campo de la Actividad Cósmica. En la comprensión que te ha sido traída y en el significado y poder de las palabras «YO SOY» encontrarás un Círculo Encantador en el que te podrás mover sin que ninguna operación humana discordante te pueda tocar. No se trata solamente de conocer la Presencia, sino de ponerla en práctica hasta en la más simple actividad; pues cuando tratas con una experiencia que no te es familiar, muchas veces te sientes tímido e inseguro, pero cuando aprendes a usar el «YO SOY» para resolver tu deseo o problema, encontrarás que tu seguridad crece y así la aplicarás con confianza absoluta.

Debes comprender siempre que es en el «Gran Silencio» o quietud de lo externo, que el Poder Interno fluye en su creciente logro, y pronto te darás cuenta de que hasta cuando pienses en el Poderoso Principio «YO SOY», sentirás un aumento de fuerza, vitalidad y sabiduría que te permitirá avanzar con un sentimiento de Maestría que algún día, a buen seguro, te abrirá las puertas a través de las limitaciones de la creación humana, hacia la Inmensidad de la Verdadera Libertad.

Vemos a menudo en tu corazón el anhelo por una prueba, una manifestación sorprendente que te daría fuerza para seguir adelante en el camino. Te aseguro, bendito hijo de la Luz, que cualquier prueba dada fuera de tu ser es temporal; pero cualquier paso aprobado en y a través de tu propia aplicación consciente, es un logro eterno, y mientras continúes ganando la Maestría a través de tu aplicación autoconsciente no solamente estás logrando las cosas que tienen en las manos, sino que estás elevando también tu conciencia, hasta que en breve te darás cuenta de que han caído todas las barreras.

Es de este modo que la puerta de la limitación será sellada eternamente, y así como mi forma externa fue clavada en la cruz, asimismo tú, con tu conciencia ascendente, clavas y sellas la puerta de las limitaciones autocreadas, y sientes y conoces tu dominio.

Si estás vitalmente deseoso de hacer la Ascensión, te pido que uses la siguiente afirmación a menudo: *YO SOY la Ascensión en la Luz*. Esto permitirá que tu conciencia salga de la maya de la creación humana más rápidamente.

Es de gran importancia que a medida que vivas dentro y aceptes plenamente el Poder Trascendente de la Presencia «YO SOY», encuentres que no sólo la lucha externa cesa, sino que, como has entrado más profundamente en la Luz, las cosas externas que siempre has buscado con ansia, comiences a buscarlas verdadera y realmente, porque te darás plena y verdadera cuenta de la irrealidad de la forma y su actividad transitoria. Es cuando sabrás que dentro de ti y en la Luz a tu alrededor está todo lo que posiblemente puedas desear, y lo externo que ha parecido tan importante habrá perdido su poder limitador sobre ti. Después, en las cosas externas que te vendrán, la alegre libertad se manifestará. Ésta es la verdadera actividad de las cosas externas.

A medida que seas más consciente de los Poderes Trascendentes que tienes a tus órdenes, sabrás que puedes atraer cualquier cosa que necesites sin dañar o afectar a otro hijo de Dios.

Esta verdad tiene que ser establecida en la conciencia, porque las almas conscientes deben saber esto firmemente para que no se encuentren pensando a intervalos si es justo que ellas tengan éxito cuando alrededor suyo hay quienes no lo tienen. Yo te aseguro que tu máximo servicio es obtener la Maestría y la Libertad para ti.

Entonces estarás preparado para dispensar la Luz sin ser afectado por la creación humana en la que debes moverte. No te sientas nunca triste o afligido si otro Hijo de Dios no está listo para aceptar la Luz, porque si no encuentra la Luz de su propia selección, es solamente un escalón temporal.

Cuando se empieza a ganar la libertad consciente del cuerpo, se comprende la temporalidad de estas cosas y la poca importancia que tienen; pero cuando se entra en la Conciencia Universal o Gran Actividad Cósmica, se ve que entrar a la Luz es de vital importancia. Entonces conocerá la alegría de la Presencia Interna y Su Actividad Invencible por la que su corazón se inundará de alegría.

Poco tiempo antes de darme cuenta de toda mi Misión, la afirmación siguiente estaba vivamente ante mí: *YO SOY la Presencia que nunca falla o comete un error.* Supe después que éste fue el poder sostenedor que me capacitó para SER la Resurrección y la Vida.

Desafortunadamente, algunas de las afirmaciones bíblicas han sido veladas por el concepto humano; de todas maneras estoy muy agradecido porque muchos han permanecido inalterados. Otra afirmación que usé constantemente por más de tres años fue: *YO SOY siempre el Majestuoso Poder del Amor Puro que trasciende todo concepto humano y me abre la puerta a la Luz dentro de Su Corazón.* Supe después que esto intensificó grandemente mi Verdadera Visión Interna.

En respuesta al deseo ansioso dentro de tu corazón, quiero decirte que durante los años de los cuales la Biblia parece no tener idea de mi actividad, Yo iba de sitio en sitio buscando la explicación de la Luz y la Presencia que sentía dentro de mí, y te aseguro, amado estudiante, que no fue con la facilidad y la velocidad con la que tú puedes buscarla ahora. En aquellos tiempos, todos los que estudiábamos la Verdad estábamos muy contentos de recibir la sabiduría de las experiencias no escritas, pues por la naturaleza poco usual de éstas se pensaba que no era armonioso ponerlas ante la multitud.

Así ha sido a través de los tiempos. Cuando el período de experiencias trascendentes ha comenzado a esfumarse en el ayer, y los que siguieron no estaban lo suficientemente avanzados para darse cuenta de esta Verdad, ellos se han apartado de las bellas y maravillosas flores de la humanidad.

Sin embargo, hoy, el Poder Cósmico Crístico, que se volvió tan real para mí, ha venido para ayudar a la humanidad. Éste, a través de su impulso natural de expresión, está encontrando su camino prudente y seguramente en los corazones y mentes de un porcentaje de la humanidad, hasta el punto de que hay gran esperanza presente de que esta actividad capacitará para que el velo de la creación humana sea alzado; así, muchos humanos verán indicaciones y maravillas que sentirán dentro de sus corazones. Entonces no habrá duda o miedo que los aparte de la Verdad.

Yo pasé algún tiempo en Arabia, Persia y el Tibet, y cerré mi peregrinaje en la India, donde conocí a mi Amado Maestro, quien ya había hecho la Ascensión aunque yo no lo sabía entonces. A través del Poder de su Radiación, revelación tras revelación vinieron a mí, a través de las cuales me daban decretos y afirmaciones que me ayudaron a contener invariablemente la actividad externa de mi mente, hasta que no tuvo el poder de molestarme o retardar mi avance.

Fue cuando me revelaron toda la Gloria de mi Misión y el Récord Cósmico Eterno que habría de dejar, y que debía ser instituido en ese tiempo para bendición e iluminación de la humanidad que había de venir.

Quizás estéis interesados en saber que éste se convirtió en un Registro Cósmico Activo muy diferente a todos los registros hechos, pues contiene dentro de sí, y lo tienen actualmente, el deseo o impulso emprendedor que hace de la mente humana un imán.

Esto explica los decretos y afirmaciones que dije y que se vuelven más vívidos a través de los siglos. Con el impulso emprendedor de esta actividad, asistido por la Radiación de otros Rayos Poderosos enfocados sobre la Tierra, ayudará a una gran parte de la humanidad a que se ancle de tal manera en la Verdad y su aplicación consciente, que se alcanzará un logro trascendente.

Ningún paso tiene tanta importancia vital como es poner ante la humanidad la sabiduría del «YO SOY» —el origen de la Vida y Su Poder Trascendente— que puede ser traído al uso consciente del individuo. Será asombroso ver cómo esta simple, pero Todopoderosa Verdad, se extenderá con rapidez en la humanidad; porque todos los que piensen en ella, practiquen su Presencia y dirijan conscientemente su energía a través del poder del Amor Divino, encontrarán un nuevo mundo de Paz, Amor, Salud y Prosperidad abierto ante ellos.

Quienes comprendan la aplicación del conocimiento de «YO SOY» no serán acosados nunca por la inarmonía o perturbaciones de sus hogares, mundos o actividades, porque es sólo por falta de reconocimiento y aceptación de Todo Poder de esta Poderosa Presencia, que el ser humano permite que los conceptos y creaciones humanas los perturben.

El estudiante debe mirar constantemente dentro del yo humano y ver qué hábitos o creaciones que necesitan ser arrancados y arrojados se alojan allí, porque solamente negándose a permitir que existan hábitos tales como juzgar, condenar o criticar, puede él liberarse. La verdadera actividad del estudiante es la de perfeccionar su propio mundo, y no lo podrá hacer mientras vea imperfección en el mundo de otro Hijo de Dios.

Se te han dado maravillosas afirmaciones para gobernar armoniosamente la vida y mundo. Aplícalas con determinación y saldrás airoso.

Otra corrección que deseas que haga es la siguiente: Yo no dije en la Cruz: «Padre, ¿por qué me has abandonado?» Lo que dije fue: «¡Padre, cómo me has glorificado!», y recibí en la Gloria al hermano que estaba a mi diestra en la cruz.

Hay muchos de estos amados estudiantes a quienes conocí personalmente en el tiempo de la crucifixión, y al dar este mensaje siento como si estuviera hablando a viejos amigos, porque en esa Gran Presencia Ascendida, los siglos son sólo un incidente y solamente nos damos cuenta del tiempo cuando entramos en contacto con eventos humanos.

Amado estudiante que buscas la Luz con tanta ansia:

trata de sentirte en mi amoroso abrazo, trata de sentirte vestido en esa Luz tan deslumbrante como el sol de mediodía. Ancla dentro de tu conciencia el sentimiento de tu habilidad para hacer la Ascensión, para que cada día te acerques más a la Plenitud de esa Realización.

Corta las ataduras de las cosas de la Tierra que te tengan amarrado. Debes saber que en el Amor, la Sabiduría y el Poder que aceptas de tu Poderosa Presencia «YO SOY» está el poder que hace este servicio trascendente.

Recuerda siempre que *Dios en ti, es tu Victoria segura: la Presencia YO SOY que late en tu corazón es la Luz de Dios que nunca falla, y por la aceptación de esta Presencia, tu poder para liberar su energía y dirigirla, es ilimitado.*

Es para mí una gran alegría y un privilegio continuar en asociación con mi Amado Hermano Saint Germain, en el trabajo de mandar, a través de mi Radiación Consciente, una ayuda definida a los estudiantes que pueden aceptar la instrucción de Saint Germain. Esto continuará durante todo el año 1934. No me interpretes mal, «YO SOY» irradiará a toda la humanidad, pero en esta radiación a los estudiantes, tengo el privilegio de dar un servicio especial.

En mi Amor yo te envuelvo. Con mi Luz yo te visto. Con mi Energía te sostengo para que puedas seguir adelante impávido en la búsqueda de la felicidad y la perfección de ti mismo y de tu mundo.

Confío que esto te traerá una radiación que podrás sentir a voluntad a través del año, y que tu éxito te traiga alegría sin límites. *YO SOY la Presencia Iluminadora y Reveladora manifestada con Todo Poder.*

JESÚS EL CRISTO

Saint Germain:

Deseo transmitir mi Amor, que envuelve como un regalo a cada uno de mis amados estudiantes, porque el Amor es lo más grande que se puede dar.

Capítulo XXVIII

Los Maestros de Venus que visitaron el Teton Real, y que lo visitarán otra vez este Año Nuevo, comenzarán una actividad definida para consumir una tentativa sutil de generar y traer otra guerra a la actividad externa.

Shamballa está soltando los Poderes que por muchos años han sido atraídos dentro de su circuito.

La Ciudad Dorada, cuyos Rayos son enviados en todas direcciones, está prestando a la humanidad un servicio que solamente ella puede hacer.

Si la humanidad pudiese saber y comprender estas actividades por lo que son, se producirían cambios tan maravillosos en el mundo externo, que ni siquiera los avanzados podrían concebir.

En el Día de Año Nuevo, la Rueda Cósmica del progreso habrá llegado a un punto, con respecto a la actividad personal, que dejará a un lado mucho del libre albedrío de los hombres, lo que traerá una alegría y una esperanza indescriptible a la conciencia de quienes sirven desde estas esferas trascendentes de actividad.

¡Oh, estudiante de la Luz! Comprende que esta asistencia magnífica es tuya y que la tendrás si aquietas lo externo y te abres hacia ella. Yo te suplico, amado estudiante, que cierres tu mente a la ignorancia y a las sugerencias inarmoniosas de los seres humanos en todas partes.

Yo te digo: *La Libertad en todo sentido, yace ante tu puerta solamente si mantienes tu personalidad armonizada y te niegas a aceptar las sugerencias inarmoniosas y siniestras de la atmósfera y de aquellos con quienes tienes contacto en la forma mortal.*

Es primordial que hagas esto si deseas traer a tu mundo la alegría, belleza, opulencia y perfección de toda clase. No es nuestro deseo inmiscuirnos para nada en tu libre albedrío, pero la alegría inunda nuestros corazones cuando vemos a los estudiantes agarrándose fuertemente, comprendiendo y aplicando estas Leyes Trascendentes que nosotros sabemos que significan la Victoria Segura; y déjame reiterar lo que he dicho con anterioridad: *No hay cosa más viciosa en la actividad humana como la personalidad o la sugestión que trata de alejar al estudiante de la Verdad y de la Luz que será su Libertad.*

Con respecto a esta Poderosa Actividad Cósmica, debes trabajar con gran determinación, consumiendo toda creación inarmoniosa pasada y presente. Cada vez que tu pensamiento y deseo se manifieste de esta manera, vendrán a tu asistencia grandes corrientes de energía para sostenerte y ayudarte. Esto es parte de la asistencia presente asombrosa que es dada a la Tierra. El Observador Silencioso ha esperado doscientos mil años para que la Rueda Cósmica llegue a este punto, el Nuevo Año que entra.

De nuevo te aseguro que nunca en la historia de la humanidad, tan trascendente actividad ha estado lista para correr en tu ayuda. ¡Oh, amado estudiante! ¿No vale esto vuestro esfuerzo determinado para actuar de acuerdo con esta gran bendición, que hace vuestra lucha por la Libertad de las autocreaciones humanas más felices?

Amado estudiante: mi corazón se regocija profundamente al ver dentro de ti un deseo intenso por la luz, y un esfuerzo determinado para aplicar estas leyes infalibles, que de seguro te darán la libertad en la medida que la apliques.

Te agradezco ese alegre deseo de distribución ilimitada de libros. Hay en este deseo, amado mío, un servicio de gran bendición que tú puedes comprender muy poco.

Me siento bendecido grandemente este día de devoción al Cristo, al sentir el Amor que me mandas, y yo te aseguro, bendito, que regresaré a ti dirigiendo todo ese Poder Amoroso para asistirte, iluminarte y bendecirte.

En ese servicio especial que Jesús ha decidido hacer, tú estás bendito, claro está. Trata de sentir esta Verdad Maravillosa con el sentimiento más profundo e intenso que puedas ordenar. Abre tus brazos, corazón y mente a la Gloria de esta Radiación, y a medida que hagas esto de una manera más plena y completa, verás cuán rápidamente desaparecerán todas las condiciones perturbadoras y limitadoras a tu alrededor.

Yo te suplico, amado estudiante, que no continúes limitándote por conceptos humanos. Decreta y siente tu asombrosa habilidad para usar estas Leyes y dirigir esa poderosa Energía para tu Libertad y Perfección. Procura comprender que tu forma humana no es una creación densa, difícil de manipular. Trata de sentir que es una sustancia transparente que sigue tu más mínima indicación. Habla con tu cuerpo. Ordénale que sea fuerte, receptivo solamente a la Conciencia Maestra Ascendida, que sea la Perfecta Expresión del Poder Divino del Poderoso «YO SOY», y que tenga Su Belleza de Forma y Expresión.

Revisa en tu experiencia la poderosa determinación que has tenido algunas veces para alcanzar el éxito en la actividad externa de las cosas, y después date cuenta de que tu determinación puede generar mucho más poder para alcanzar tu Libertad Eterna.

Créeme, amado, cuando te digo: «Tu creación humana

es la única que está entre ti y tu Libertad de toda limitación. Esa Creación no será un obstáculo mayor que lo que tú aceptes que sea. Si le quitas a esa creación el poder de limitarte, a cualquier hora o cualquier día, podrás entrar jubilosamente a través del velo en el mundo de la "Presencia Electrónica", tan bella, tan alegre, tan llena con la deslumbrante Luz de su Gloriosa Presencia y moverte allí para siempre en la Luz de la Gloria Eterna. Después, cuando vuelvas atrás a través de ese velo humano para servir en la actividad exterior, continuarás sintiendo la Gloria de ese Ser Trascendente que eres. Entonces, la maldad de tu propia condición externa o de los que están a tu alrededor no te tocará o afectará en absoluto».

Todo mi ser vibra en jubilosa anticipación por ti, porque yo sé de tu éxito con certeza definida. A todos aquellos que dejan que las sugestiones de la ignorancia de otros seres humanos los desvíen del camino, yo deseo decirles: «Recordad solamente lo que les espera, lo que está dentro de vuestra capacidad para lograr y ser».

Recuerda una y otra vez que a medida que la aceptación de tu Poderosa Presencia «YO SOY» crezca más en intensidad, los problemas externos que te han parecido tan terribles, de seguro se desvanecerán de la apariencia.

Así, no solamente se resolverá tu problema, sino que cada paso ganado de esta manera será firme, y alcanzarás la Libertad Eterna. Si es por libertad financiera que imploras, suplico contigo para que te quites de la actividad externa de tu mente la apariencia, y la pongas en tu Poderosa Presencia «YO SOY», el único Dador de toda la Poderosa Opulencia que hay. Mantente firme y determinado en esto, y obtendrás todo el dinero que desees usar.

La Vida no te limita; la opulencia no te limita; el Amor no te limita; por lo tanto, ¿por qué dejar que los conceptos humanos limitadores te sigan atando?

¡Amado Hijo de la Luz! Despierta en la *Poderosa Gloria de tu verdadero Ser;* camina hacia delante como *una Poderosa Presencia Conquistadora; sé la Luz de Dios que nunca falla;* muévete, vestido, en *la luz de la Gloria trascendente de tu Yo-Dios y sé libre.*

Capítulo XXIX

(PLÁTICA DE SAINT GERMAIN
EN EL DÍA DE ACCIÓN DE GRACIAS)

Amados estudiantes de la Luz:

Hoy es uno de los días más grandes de Acción de Gracias que he tenido en cien años. Ver cómo la Luz, el reconocimiento y la aceptación de la Presencia «YO SOY» está siendo recibida y utilizada por tantos estudiantes, es realmente un tiempo de alegría y de Acción de Gracias.

No solamente soy yo el que os manda mi Amor y bendiciones, sino también toda la Hueste de Maestros Ascendidos, los grandes Maestros Cósmicos, la Gran Hermandad Blanca, la Legión de Luz y aquellos Ayudantes de Venus, se juntan en alabanza y gracias por la Verdadera Luz que está siendo expandida en la humanidad.

YO APRECIARÍA PROFUNDAMENTE TODA LA ASISTENCIA QUE LOS ESTUDIANTES PUEDAN DAR BAJO ESTA RADIACIÓN PARA QUE LOS LIBROS SE EDITEN Y SEAN PUESTOS ANTE LA HUMANIDAD, PORQUE ÉSTE ES EL MÁS GRANDE SERVICIO QUE SE PUEDE DAR EN EL PRESENTE.

La mayor necesidad de hoy en día es llamar la atención externa de la humanidad hacia la «Gran Fuente Única» que puede dar la asistencia que se necesita: ésta es la

Gran Presencia «YO SOY» y la Hueste de los Maestros Ascendidos. La atención fija de los hombres en esta Gran Fuente provee la apertura necesaria para la manifestación de la Gran Luz Cósmica Eterna, ya que fluye al mundo externo alcanzando no solamente la conciencia de los individuos sino también las condiciones que necesitan un reajuste.

Deseo que todos los estudiantes, bajo esta radiación, sientan la responsabilidad individual al respecto, para mantener sus mentes y sus cuerpos armonizados, y seguir cargando sus mentes y mundos emocionales con la Sabiduría y la Perfección de la Poderosa Presencia «YO SOY». Esto facilitará el trabajo de dar asistencia a la humanidad, pues de otra forma lo externo, por su condición limitada, no lo podría concebir.

Deseo que cada estudiante comprenda y sienta profundamente que los Grandes Maestros Ascendidos y yo estamos listos para dar tanta asistencia a los humanos como la Ley de su Ser lo permita. Los estudiantes deben permanecer siempre firmes y no dar poder a otra cosa que no sea la Presencia, hasta que la creación humana externa alrededor de ellos sea disuelta y consumida para que entonces la Poderosa Luz, Sabiduría y Poder de la Poderosa Presencia «YO SOY» fluya en sus mentes, seres y mundos con este Glorioso Esplendor llenándolos a ellos y a sus mundos con esa armonía, felicidad y Perfección que todo corazón tanto desea.

Apremio a todos a que hagáis un trabajo definido, consciente, de protección para las Américas, para que la Luz Cósmica y la Perfección Eterna envuelvan la Tierra, limpiando y consumiendo toda discordia, y continúe «bendiciendo a personas, sitios, condiciones y cosas porque es la Actividad Poderosamente Milagrosa trabajando, que nos revelará la prosperidad y felicidad que todos deseamos».

Esto, Amado Mío, es lo que significa atraer un Poderoso Foco de los Maestros Ascendidos entre vosotros. Solamente a medida que se abre vuestra Visión Interna para ver y conocer la Realidad Verdadera, podréis tener un pequeño concepto de la Verdad que he dicho.

Deseo que tu corazón se llene de alegría y que trabajes afanosamente por la salud, éxito y prosperidad de los Mensajeros que han sido los canales a través de los cuales ha sido dado este foco de protección. Son muy desafortunados los que critican a los Mensajeros o su trabajo; mejor sería que no hubiesen nacido en esta encarnación.

Amado estudiante: procura sentir con toda sinceridad la Realidad y las Bendiciones Infinitas de este trabajo, para que tu mundo pueda obtener el gran premio de esta bendición.

Las palabras son inadecuadas para decirte la plenitud de mi gratitud por tu esfuerzo sincero y afanoso. Tu habilidad y poder para bendecir y prosperar aumentará mientras te adhieras firmemente a y dentro de tu Poderosa Presencia «YO SOY».

Mi Amor te envuelve, mi Luz te ilumina y la Sabiduría de la Poderosa Presencia «YO SOY» te hace prosperar en la Plenitud de toda Perfección.

El Amor de la Poderosa Hueste de Maestros Ascendidos, de la Gran Hermandad Blanca y de la Legión de Luz te envuelve siempre.

YO SOY sinceramente en la Luz.

SAINT GERMAIN

Capítulo XXX

(Plática de Saint Germain en el Día de Navidad)

Con gran alegría observamos el tremendo logro, individual, nacional y cósmico, cuando tenemos el uso de esa Magna Energía y podemos cooperar con aquellas Grandes y Poderosas Corrientes de Energía Cósmica, dirigidas por esa Grande y Sabia Inteligencia. Sabemos que cada paso que damos hacia delante nos lleva más cerca de Esa Poderosa Gloria y Libertad, que muchos están aprendiendo a sentir y a realizar.

Bien diferentes son todas las actividades cuando se trabaja en conjunto con Esa Gran Sabiduría Cósmica que ya no está limitada a restringir Su Poderosa Energía debido al libre albedrío del individuo; en este tiempo las actividades Cósmicas de las naciones son de primera consideración; después viene el individuo.

Antiguamente, ciertas Actividades Cósmicas tuvieron que esperar por causa del individuo. Ahora la Gran Rueda Cósmica ha rodado, trayendo conjuntamente todas las actividades nacionales, emocionales y mentales para la Gran Preparación donde cada diente de la rueda tiene que encajar en la Realidad Cósmica.

Como el libre albedrío del individuo todavía limita lo externo, habrá muchos individuos y condiciones que serán como pasados a través de grandes rodillos, para que todas las cualidades indeseables sean presionadas hacia fuera y consumidas por el poder de la Llama Dirigida Conscientemente.

La Poderosa Radiación conscientemente dirigida desde el Gran Sol Central por la Gran Hueste de los Maestros Ascendidos, no sólo está teniendo un efecto tremendo en las mentes y sentimientos de la humanidad en la superficie de la Tierra, sino también muy profundamente dentro de la corteza terrestre. Por lo tanto, ha sido posible impedir grandes desastres.

Deseo expresar el Gran Amor, Gratitud y Bendición a los muchos estudiantes que han estado proyectando el Poderoso Amor, sabiduría y Poder de la Poderosa Presencia «YO SOY» en los mundos mental y emocional, y les aseguro que ha sido realizado un trabajo gigantesco; si la humanidad y los amados estudiantes pudiesen comprender de una vez por todas que toda causa radica dentro del mundo mental y emocional, alcanzarían un punto de comprensión en donde sabrían con plena seguridad que la actividad externa de la humanidad tiene que ser corregida para que manifieste el Orden Perfecto, lo que sólo podrá lo-grarse cuando la única causa (las actividades mentales y emocionales) sean corregidas y dominadas.

Quiero asegurar a quienes han tenido la siguiente pregunta en sus mentes: ¿Es realmente verdad que se ha impedido una gran devastación?, que un día ellos verán y sabrán la Verdad de lo que he dicho.

Hasta trescientos años después del Ministerio de Jesús la humanidad no ha vuelto a considerar los efectos en vez de las causas, y es por esto que no se ha podido dar una asistencia permanente.

Ahora, con la asistencia que la Rueda Cósmica permite, es posible traer otra vez a la conciencia de la humanidad la necesidad de trabajar con la causa, y así el efecto, puesto fuera de circulación, deberá desaparecer.

Es por esto que el conocimiento de los Poderes de la Poderosa Presencia «YO SOY», está haciendo que los estudiantes trabajen solamente con la única y Poderosa Presencia, cuya *Causa* es la Perfección Plena, cosa que están probando muchos de ellos. Cuando tu atención se fije en la Poderosa Presencia «YO SOY», estarás tratando con la Única y más Poderosa Causa, cuya Sola y Única Expresión es la Perfección. Por lo tanto, tu mundo se llena primero con la facilidad y el sosiego y, a través de eso, se comienza a sentir la Gloria de Esa Poderosa Presencia. A medida que ello ocurre, uno se da cuenta de que puede alcanzar esta «Poderosa Presencia» conscientemente, y liberar un alud tan poderoso de Su Poderosa Energía, de la que el humano tiene tiempo solamente de recalificar una parte, con sus limitaciones e inarmonías. Por lo tanto, el poder que se requiere para dar Prueba Eterna al individuo, es sostenido. Así, a través del propio esfuerzo autoconsciente del individuo, viene el reconocimiento cada vez mayor de las posibilidades dentro de su captación consciente. Observen que digo *captación consciente,* porque es solamente a través, primero, del reconocimiento consciente, segundo, de la aceptación y, tercero, de la aplicación o, en otras palabras, dirigiendo de forma consciente esta Poderosa Inteligencia y Energía Pura, que lo externo o lo humano se mantiene lo suficientemente disuelto para que lo externo capte verdaderamente estas poderosas actividades.

¡Qué lástima que la humanidad haya creído por tanto tiempo que se puede curar el odio, la condenación y la crítica con esas mismas cualidades! ¡Qué vano y trágico ha sido ese falso concepto! Créeme, ¡oh, hijo de la Luz!, el odio nunca ha curado al odio y nunca lo curará. La condenación y la crítica nunca curaron su igual, porque como les hemos dicho tantas veces: «Aquello en lo que tu atención y visión se fijan, lo estás calificando y forzando dentro de tu mundo a residir y actuar allí».

A pesar de lo que hemos dicho y dictado, se ha entendido muy poco sobre lo mucho que la personalidad está constantemente calificando la misma atmósfera y condiciones alrededor de ella con las cosas que no quiere, a través de la creencia de que puede continuar teniendo cualquier clase de sentimiento, hablar de palabras de discordia, odio y limitación, y no ser afectado por ello. Este concepto obstinado y falso de la humanidad ha llenado el mundo con toda clase de perturbaciones.

Ahora, esta Poderosa Luz Eterna está siendo liberada para enseñar a la humanidad por qué el mundo externo está lleno de tragedias. Si yo mostrara durante media hora cuánto egoísmo ha sido sacado fuera del mundo mental y emocional desde que estas clases del «YO SOY» empezaron, casi no podrán creer todo el logro que en poco tiempo ha sido posible. Esto hubiese sido imposible a no ser por esta «Poderosa Radiación Eterna de Luz de la Gran Hueste de Maestros Ascendidos, desde el Gran Sol Central, los Maestros de Venus, el Observador Silencioso (Cyclopea) y los Poderosos Dioses de las Montañas».

Todo esto ha hecho posible la realización por la cual la Legión de Luz y la Gran Hermandad Blanca han laborado durante siglos. Este trabajo ha continuado de manera interrumpida por catorce mil años. Los Grandes Ascendidos vieron la Victoria desde el comienzo; pero tuvieron la paciencia infinita de soportar la indocilidad de la humanidad y esperar siglo tras siglo; y ni aún así se tuvo ni un solo sentimiento ni un solo pensamiento de impaciencia o una idea como ésta: «¿Por qué no cambia la humanidad?». Solamente dentro del circuito del pensamiento humano entran los sentimientos de juzgar y de impaciencia.

Así, ¡oh, amado estudiante de la Luz!, dile a toda apariencia limitadora discordante: *Vete, impotente creación humana. Yo no te conozco, mi mundo está lleno solamente con la Poderosa Perfección de mi Poderosa Presencia YO SOY.* Yo te quito, apariencia sin sentido, todo poder para dañar o molestar. Yo camino desde ahora en la Luz de la Poderosa Presencia «YO SOY», en donde no hay sombras y estoy libre, por siempre libre.

¡Oh amado estudiante!, no dejes de cargar tu mente, cuerpo, hogar, mundo y actividad con el «Poderoso Amor, con la Perfección y con la Actividad Inteligente de tu Poderosa Presencia YO SOY».

Lanza a través de tu proyección consciente, como un gran cañón, la Poderosa Llama Violeta Consumidora, para que consuma todo lo indeseable e imperfecto de tu mundo de actividad. Califica esto conscientemente con el Poder Pleno del Amor Divino en Acción; entonces ve y siente la gran belleza, felicidad y perfección que experimentarás a medida que avances.

Te insto con toda el ansia de mi Ser a que cargues todo lo que esté dentro de la actividad de tus pensamientos y sentimientos con Amor, Opulencia y Logro Perfecto.

Haz esta calificación con energía dinámica. Pon tras ello un gran sentimiento y encontrarás tantos cambios en tu mundo de actividad y ambiente que lo podrás casi comparar con el frotar de la «Lámpara de Aladino».

Cuando llamas a la Poderosa Presencia «YO SOY» a la acción en tu Vida, ambiente y actividad, la lucha cesa. Lo indeseable sale y la Presencia «YO SOY» entra y encontrarás que has penetrado en un nuevo mundo lleno de la felicidad y la perfección que sabías que existía en algún lugar, dentro de tu corazón.

Amado mío, no importa lo humilde que tu posición presente parezca ser; llamando tu Presencia «YO SOY» a la acción, podrás transformar todo dentro de tu mundo y llevarlo con la Perfección que desees tener allí.

Muy importante

Entrénate a calmar lo externo sólo cinco minutos, tres veces al día. Al final de esa quietud con toda la calma de tu Ser, llama a la Poderosa Presencia «YO SOY» a la acción, y obtendrás todas las pruebas del mundo que desees de la Presencia, Poder y Dominio de tu «Poderoso YO-DIOS».

El Amado Maestro Jesús desea que yo extienda su Amor y Seguridad de que Él mandará su Esplendor Especial a los estudiantes bajo esta Radiación durante todo el año. Él mandará su mensaje el Día de Año Nuevo.

Éste es el Mensaje de Navidad que la Hueste de los Grandes Maestros Ascendidos, la Legión de Luz, y la Gran Hermandad Blanca te manda hoy.

Que tu corazón, ¡oh, amado estudiante!, sea llenado con la Presencia Eterna del Amor Divino y seas tú, tan cargado con Su Presencia Activa, a quien tu mismo Esplendor se vuelva una Actividad Eterna y Consumidora, dejando fuera todo menos la Luz Eterna de la Perfección.

Yo cargo el mundo mental-emocional de la humanidad con esa Presencia Activa y Eterna del Amor Divino, manifestado por doquiera en los corazones y mentes del género humano. En el Nombre, en el Poder, en el Amor de Esa Luz Eterna y Perfección del Universo, Yo libero la Llama Consumidora y Purificadora y la envío a toda la Tierra, libertando a la humanidad, controlando sus sentimientos y sosteniéndolos en la Presencia Gobernante y Perfección del Amor Divino, ahora y por siempre.

Con todo el Amor de mi Ser,

SAINT GERMAIN

Capítulo XXXI

(Plática de Jesús en el Día de Año Nuevo)

Mientras desde las Altas Octavas de Luz contemplamos los avances del año pasado y entramos en vuestra octava de actividad humana, vemos y sentimos el gran cambio que se ha producido en un año. Es algo verdaderamente muy alentador y que asegura la meta final de la liberación de la humanidad de las cadenas y limitaciones de su propia creación. Después de todo es lástima que la humanidad no comprenda que solamente es ella misma la única creadora de la limitación e inarmonía que existen.

En otras palabras, a través de la actividad descontrolada de lo externo, las personalidades se permiten recalificar constantemente la Energía Perfecta, la Esencia Pura de la Poderosa Presencia «YO SOY» propia, produciendo todo lo que es indeseable, cuando está dentro de su habilidad el mantenerse armonizado para que la Perfección de la Inteligencia y la Energía fluya a través de la forma humana y no sea recalificada. Por lo tanto, ésta haría siempre su Trabajo Perfecto, no solamente perfeccionando la forma humana, haciendo que ésta exprese la Perfección Divina, sino también dejando que la Pureza y la Perfección fluyan hacia el mundo del individuo, produciendo esa belleza, armonía y éxito que todo corazón anhela.

Pregunta.— *¿Por qué casi todo el mundo desea mayor Belleza, Perfección y Abundancia de toda cosa buena?*

Respuesta.— *Porque es un Reconocimiento Interno del Dominio dado por Dios a cada individuo, que todos pueden mantener en cualquier momento. Yo te aseguro, amado hijo de la Luz, que cada individuo puede asegurar su dominio en cualquier momento solamente a través del reconocimiento y aceptación de su propia Poderosa Presencia YO SOY; esto hace posible que esta Poderosa Presencia Invencible se vuelva la Poderosa Inteligencia Gobernante.*

Por lo tanto, ¿no ves, pues, que no hay obstrucción para esta Poderosa Presencia, ni lucha o interferencia de ninguna especie? Es por esto que la vieja afirmación bíblica tan usada: *Aquiétate y sabe que YO SOY Dios*, puede ser transformada en un poder dinámico en la vida de uno. Este ser todavía significa armonizar y aquietar la mente externa. El año pasado dirigimos la atención hacia muchas de las afirmaciones bíblicas dando más explicaciones sobre el verdadero significado. Este año esperamos traerles una explicación más completa de todas las afirmaciones «YO SOY» usadas a través de los siglos, para que la humanidad tenga la evidencia, ante sus ojos, de la Libertad y el Dominio que están dentro de su propia aceptación de su propio alcance.

Nos regocijamos y damos gracias porque este año va a manifestarse un apoyo financiero abundante para este trabajo, y así la Luz Ilimitada y las Bendiciones serán traídas a la humanidad. En todas las Edades Doradas pasadas, cuando la Gran Luz de las Octavas Altas descendió a la Tierra envolviendo y disolviendo la creación humana que rodeaba a los individuos, éstos fueron tan capacitados para alcanzar las Altas Octavas a través de la Vista Interna, Oído y Sentimiento, que sabían por experiencia propia la verdadera realidad y que la forma externa era solamente el ropaje de esta Sabia y Suprema Inteligencia que la Poderosa Presencia «YO SOY» usó para encontrar expresión en la octava más densa, a la cual lo humano se había retirado.

Puedes tú, ¡oh amado estudiante de la Luz!, siquiera por unos instantes, darte cuenta de la gran alegría que esto trae a los corazones de la Hueste de los Maestros Ascendidos, que se han liberado de las mismas limitaciones humanas que tú estás experimentando ahora, a través del esfuerzo autoconsciente. De la misma manera que estos Amados Mensajeros han conocido con plena seguridad esta Libertad, así un día la humanidad comprenderá que todos pueden hacer el esfuerzo autoconsciente necesario para el reconocimiento y aceptación de esta Poderosa Presencia «YO SOY» y obtener esta misma Libertad.

No dejes que ninguno de los amados estudiantes cometan el error de pensar que la Poderosa Presencia «YO SOY» actúa independientemente del esfuerzo propio autoconsciente del individuo. Esto nunca es así y no puede hacerse así. Es verdad que después de que el estudiante ha alcanzado un cierto grado de avance, la Ley parece que empieza a actuar casi automáticamente, pero esto es sólo porque se ha establecido un fuerte impulso alrededor del individuo. Déjame aclararte que mientras no hayas ascendido no cesarás de hacer una aplicación consciente para tu propia Libertad.

Hoy repasaré algunas de estas simples, aunque todopoderosas afirmaciones de la Verdad, porque deseo que cada estudiante bajo esta radiación tenga una copia de esto, para que la lea, por lo menos, una vez al día. A quienes hagan esto fervorosa y concienzudamente les daré mi propia radiación individual para bendecirlos y asistirlos en su Libertad.

El pasado año se te pidió que cargases tu mente, cuerpo, hogar, mundo y actividad con la Perfección de la Poderosa Presencia «YO SOY». Ahora, con tu permiso, te ayudaré, y también cargaré tu Ser y Mundo con esta «Poderosa Perfección y Abundancia».

Te ofrezco esta asistencia, ¡oh, amado estudiante! Que nadie sea tan tonto como para dudar, porque *YO SOY Jesús, el Cristo de Galilea, a quien tú has conocido por espacio de dos mil años, que te está dictando esta plática, ofreciéndote esta asistencia.*

Déjame asegurarte otra vez que este trabajo de Saint Germain y mío es completamente distinto a cualquier otra cosa dada al Mundo Occidental, porque en este trabajo no hay conceptos humanos ni opiniones. Esto no había sido posible anteriormente hasta que la Luz Visible y los Rayos del Sonido pudieran ser establecidos, a través de los cuales podían ser dadas la sabiduría y la instrucción. Si tú, amado mío, como estudiante, puedes darte cuenta de esto, ¡cuán grande será tu bendición y beneficio!

La protección que ha sido dada a América y otras partes del mundo, durante los meses pasados, ha trascendido todo lo que Yo he conocido en mi experiencia. ¡Oh, si la humanidad pudiese comprender todo esto, con qué agrado y gusto cooperaría ella a todo trance para mantenerlo! Así, esta Actividad Todopoderosa podría ser aumentada.

Sólo podemos atraer tu atención a la Verdad, hacia la Realidad, como nosotros la conocemos. Cuando puedas aceptar esta Verdad plenamente y aplicarla en tu mundo y actividad, obtendrás toda la prueba necesaria en tu propia experiencia para ayudarte a conocer el Poder Pleno de la Verdad de la cual he hablado. La aceptación de esta Verdad, por parte de los estudiantes, me ayudará a cargar sus conciencias, y a llenar sus mundos con la actividad correspondiente. Quienes duden deberán esperar, porque la duda y el miedo son las dos puertas que todo ser humano tiene que cruzar para conocer y obtener su Plena y Completa

Libertad. La llave que abre estas puertas es el Amor Divino en la propia aceptación de la Poderosa Presencia «YO SOY» individual, como la plenitud de este Poder del Amor Divino actuando.

La Puerta hacia la Séptima Octava de Luz permanece abierta para todos los amados estudiantes bajo esta radiación, para que hagan una aplicación autoconsciente sincera y deseada. Esto, mis amados hermanos y hermanas, significa vuestra Libertad. Podréis aferraros a esto con todo el poder de vuestra Conciencia «YO SOY» y ser libres.

A medida que estoy dictando estas palabras a los Mensajeros, a través de amplificadores que vuestro mundo externo todavía no conoce, estas palabras y esta radiación están llenando el mundo mental y sensorial de la humanidad que comenzará a actuar inmediatamente. Cuando los estudiantes e individuos tengan contacto con estas palabras, de vez en cuando encontrarán una respuesta inmediata que los ayudará a sentir la Verdad y la Realidad de lo que hablo.

¡Oh! Esta humanidad que a través de los servicios religiosos de las iglesias está reconociendo mi Ascensión, ¿por qué no puede sentir la verdadera Realidad y saber que en mi Cuerpo Luminoso, Eterno, Ascendido Yo puedo y alcanzo a todos aquellos que abran sus corazones hacia Mí? ¡Oh!, hijo de la Tierra, aprende a juntar tu sentimiento de la Verdad con el reconocimiento de la Verdad que tú deseas manifestar en tu Vida. Entonces, estarás capacitado para alcanzar cualquier altura del avance en tu búsqueda de la Libertad.

YO SOY la puerta abierta que ningún hombre puede cerrar.

Tu Poderosa Presencia YO SOY es la Verdad, el Camino y la Vida.

Tu poderosa Presencia YO SOY es la Luz que ilumina a todo hombre que viene al mundo.

Tu Poderosa Presencia YO SOY es la Luz, es la Inteligencia que te dirige, es tu Energía Inagotable Sostenedora.

Tu Poderosa Presencia YO SOY es la Voz de la Verdad hablando dentro de tu corazón, es la Luz que te envuelve en su Presencia Luminosa, es tu Eterno Cinturón de protección a través del cual ninguna creación humana puede pasar. Es tu Eterno Depósito de Energía Inagotable que puede ser liberada cuando desees a través de tu descarga consciente.

Tu Poderosa Presencia YO SOY, es la Fuente de la Eterna Juventud y Belleza, la cual llamas a la acción y expresión en tu forma humana.

Tu Poderosa Presencia YO SOY es la Resurrección y la Vida de tu cuerpo, de tu mundo de acción, en esa Perfección que todo corazón humano tanto desea.

Escucha, ¡oh, amado estudiante de la Luz! Cuando estás diciendo estas afirmaciones y «YO SOY» diciéndolas por ti, ¿no ves que no solamente lo estamos haciendo por nosotros mismos, sino también para el resto de la humanidad? ¿Que cuando estás decretando algo acerca y a través del «YO SOY», lo estás haciendo por toda la humanidad al igual que para ti? Así es cómo la aplicación y expresión del «YO SOY» se vuelve tan poderosa e inagotable en su actividad, y actúa por siempre más allá del reino del egoísmo humano. ¿Por qué? Porque tú estás pidiendo para todos los hijos de Dios la misma Perfección que estás llamando a la acción para ti mismo.

Esto es posible solamente en el uso de las afirmaciones y aplicación del «YO SOY», porque actuar dentro de la Presencia «YO SOY» os lleva al instante fuera de la actividad donde hay egoísmo humano. Ésta es la razón por la que el estudiante sincero y deseoso que retire toda duda y miedo se encontrará actuando dentro de una esfera de actividad positiva y definida que no conoce retraso o ausencia de éxito en cosa alguna. Por lo tanto, ¡oh, amado!, ¿no ves cómo estás actuando dentro de un mundo de infalibilidad en donde tus decretos capacitarán el Pleno Poder del «YO SOY» para moverte a la acción, causando que toda la inarmonía y limitación humana se vayan?

Ahora te diré el decreto que la Hueste de Maestros Ascendidos y estudiantes hicieron anoche en el Teton Real: *La Libertad, Salud, Prosperidad y Acción Armoniosa se derramarán sobre el Mundo, como nunca antes se había experimentado en la Tierra.*

Los estudiantes que se unan a nosotros, usando este decreto, darán un servicio que los bendecirá a través de los tiempos. Solamente porque América es la copa, el Santo Grial, hablamos siempre primero de ella. Todos deberán saber sin duda alguna que lo que bendice a América, bendice al mundo.

Una Actividad, una Radiación, como nunca había sido conocida desde la cumbre de la Última Era Dorada de Atlántida, fue enviada desde el Cónclave en el Teton Real, cuya descripción Saint Germain os dará después.

La plenitud de mi Amor, Luz y Bendición te dejo, a ti y a toda la humanidad, para que la Luz dentro de tu corazón sea tan acelerada que no conozcas más limitaciones de especie alguna, y para que Esa Luz se vuelva tan Poderosa que solamente Su Radiación consuma toda la creación humana acumulada a través del pasado o presente, liberando a todos por siempre.

Mi Amor los envuelve a todos por siempre,

JESÚS EL CRISTO

Capítulo XXXII

Te sugiero que cada día, de vez en cuando, pienses que eres una estación de radio emitiendo paz y buena voluntad a toda la humanidad. Debes saber que en esta Poderosa Conciencia, el Poder Ilimitado de la Poderosa Presencia «YO SOY» fluye hacia cada individuo dándole aquello que ya esté listo para recibir, trayendo instrucción y decisión a todos. Debes ser consciente de que tu mente es un Centro Divino tan poderoso, que en cualquier momento puedes tomar decisiones rápidas y acertadas a través del poder del Amor Divino. Reconoce que tu mente es solamente un vehículo de la Gran Presencia Maestra de la Poderosa Presencia «YO SOY» dentro de ti y que tienes que obedecer a la Presencia Interna en todo momento. Ordénale que actúe siempre con decisión, atención y rapidez, y que todo sentido de incertidumbre humana sea consumida para siempre.

El nuevo ciclo

Hoy es el punto focal de diez mil años, el principio de otro ciclo de diez mil años en el cual los Grandes de Venus, quienes siempre han sido un instrumento en la elevación de la humanidad en nuestra Tierra, están presentes en este día mandándole a toda la humanidad una Poderosa Radiación. Esto traerá más rápidamente una estabilidad y confianza mayores en los corazones de muchos dirigentes públicos, y hará que tengan un fuerte deseo de restablecer en el mundo la confianza y la prosperidad y hacer que ellos sientan un Amor más profundo y más lealtad para su progreso como nunca lo hubo antes. Muchos habrán aprendido que no pueden gobernar a la humanidad con mano de hierro, porque están viendo que el control que tanto han deseado ganar sobre otros, está devolviéndose hacia ellos mismos para su redención. Si esta lección puede ser grabada en ellos lo suficiente, se impedirá una gran calamidad. En este período de aceleración se puede hacer en veinte años cosas que en otros tiempos hubiesen tomado cien.

Descripción del Cónclave de Año Nuevo en el Teton Real por Saint Germain

1.º de enero de 1935

Con gran alegría os contaré brevemente algo de la actividad que se desarrolló anoche en el Teton Real.

Doscientos catorce Maestros Ascendidos estaban presentes y los doce de Venus. El Ojo Avizor tenía la acción más poderosa hasta hoy conocida.

Grandes Rayos de Luz se hicieron permanentes en las principales ciudades de Europa, India, China, Japón, Australia, Nueva Zelanda, África y en las Tres Américas.

Se estableció también una actividad similar o Radiación desde la Ciudad Dorada y Shamballa, instituyendo una Actividad Triple para bendición de la humanidad. Se está haciendo todo el esfuerzo posible para impedir que se lleve a cabo cualquier acción destructiva en el mundo.

La actividad de los tres meses pasados ha sido muy alentadora, y tenemos gran esperanza para este año. Como respetamos siempre el libre albedrío de la humanidad, sólo podemos confiar en su cooperación armoniosa con la Radiación Consciente que es enviada por la ya mencionada Actividad Triple.

Hubo emanaciones de Luz dirigidas por el Maestro Alto de Venus, Jesús, y el Gran Director Divino, como nunca había visto antes en mi experiencia.

Los que han estado al tanto de mis esfuerzos sinceros para la bendición de las Américas, se han unido a mí ahora con todo el poder para lograr lo más posible que la Ley Cósmica y la Ley del Individuo lo permitan. Las Leyes Cósmicas están dando cada día más libertad de actuación a esta actividad, lo cual nos alienta muchísimo.

Muchos estudiantes estuvieron presentes anoche, por lo cual estoy muy agradecido. Hay muchos detalles de la actividad que no puedo revelar en este momento; pero les aseguro a todos que fue una maravilla más allá de toda descripción.

La Gran Hueste de Maestros Ascendidos se une a mí en Amor, Luz, Bendición y Opulencia para con los estudiantes y el mundo, y que este año no tenga parangón en cuanto a su felicidad para la humanidad.

En la Plenitud de Mi Amor,

Saint Germain

Índice

La metafísica no es un destino, sino un viaje que dura toda la vida. Sus leyes nos dan la recompensa de acuerdo con nuestros conocimientos sobre cómo utilizarlas y su ignorancia no nos exime de sus consecuencias, tanto si son buenas como si son malas. No podemos cambiar estas leyes, lo que sí podemos hacer es aprender a usarlas.

La autora describe las técnicas y comparte verdaderas historias de su experiencia personal. Luego, por medio de instrucciones paso a paso, le enseñará cómo usar la técnica e incorporarla en su vida. Con un poco de práctica usted aprenderá a hacer lo siguiente:

- Un mapa del Tesoro para alcanzar sus metas y hacer sus deseos realidad.
- Iniciar el contacto con su guía espiritual y el espíritu terrestre.
- La Bi-localización –técnicas de proyección que permiten ver su cuerpo astral en una situación separada.
- La numerología –un breve corto sobre la magia de los números y cómo usarlos en su vida cotidiana.
- ¡Y mucho, mucho más!

¿Quién es Saint Germain? ¿Y Kuan Yin? ¿A qué arcángel o maestro ascendido debo invocar para un problema específico? ¿Puedo trabajar con las energías de las diosas y con los ángeles al mismo tiempo?

Este es el tipo de preguntas que los lectores y los asistentes a sus talleres suelen plantear a Doreen Virtue. Este es el primer libro que contiene una lista de deidades de la Nueva Era y de la antigüedad. *Arcángeles y Maestros Ascendidos* es un libro escrito tras una investigación profunda, que contiene las 77 divinidades de raíces griegas, romanas, egipcias, asiáticas, babilónicas, tibetanas, budistas, celtas, teosóficas, de la Nueva Era, católicas, cabalísticas, judías y cristianas. Doreen se comunicó con cada una de las divinidades para asegurarse de que fuera accesible, para descubrir la esencia de su personalidad y saber cuál es actualmente su relación con el mundo (estas páginas incluyen un mensaje canalizado, o la impresión que ella recibió de cada uno de los maestros ascendidos y arcángeles). Muchas de sus canalizaciones se realizaron en lugares de poder en distintas partes del mundo, como Stonehenge (Inglaterra); la costa irlandesa; Kona (Hawai); y el bosque tropical de Nueva Zelanda.

¿Qué enseñó realmente Jesús? Esencia destilada de largos años de estudios bíblicos y metafísicos, aclamado en los Estados Unidos por más de un millón de lectores, la respuesta de Emmet Fox en *El Sermón de la Montaña* es tan sencilla como contundente: la Biblia es un texto de metafísica y las enseñanzas de Jesús expresan, de un modo no dogmático, un cambio práctico para el desarrollo del alma. Jesús no enseñó teología: su enseñanza es enteramente espiritual o metafísica. Su enseñanza es la Verdad, capaz de cambiar nuestra vida y nuestro destino. En este libro imprescindible, Fox nos enseña cómo:

- Entender la verdadera naturaleza del conocimiento divino.
- Desarrollar el poder de la plegaria.
- Transformar las actitudes negativas en creencias autoafirmativas.
- Desarrollar una personalidad integrada y armónica.
- Hacer valer nuestro divino derecho a una vida abundante EMMET FOX, científico, filósofo y maestro espiritual, ha sido sin duda el autor que más ha influido en el movimiento metafísico de este siglo. Maestro de Connie Méndez, Rubén Cedeño ha dicho de él que «Leyendo a Fox se lee a Connie, se entiende a Krishnamurti, se solidifica lo aprendido de Saint-Germain toda la égida de enseñanzas dadas por la Divina Jerarquía Espiritual».

No hay necesidad de sentirse desgraciado. No hay necesidad de estar triste, de sentirse disgustado, ofendido u oprimido. Tampoco hay necesidad de sufrir enfermedades, fracasos o desilusiones. Cuanto más aceptemos cualquier condición negativa como una valoración propia, mayor será el tiempo que permanezcamos esclavizados a ella. Pero, en realidad, podemos liberarnos de estas limitaciones y cambiar nuestras vidas. El éxito y la felicidad no son sino condicionamientos naturales de la humanidad. Infelicidad, frustración, pobreza o soledad son unos malos hábitos a los que sus víctimas se han ido acostumbrando al creer siempre que no hay manera de evitarlos. El presente libro nos ofrece un sencillo y eficaz método de trabajo dirigido a todos aquellos que deseen realmente cambiar sus vidas.

Con este libro descubrirás:

- Cómo hacer que tu vida valga la pena.
- Cómo solucionar tus problemas por medio de la oración científica.
- Los misterios del zodíaco y la Biblia.
- La sorprendente magia del diezmo.
- Y muchas cosas más…

La mayoría de la gente considera la vida como una batalla, pero no es sino un juego para que nuestras almas aprendan entreteniéndose. El miedo, el sufrimiento y la desgracia no son necesarios para este aprendizaje; son el resultado de la violación de la ley espiritual. Pero a través de ellos podemos aprender y evolucionar hacia nuestro verdadero destino. Cada persona tiene un lugar asignado que ninguna otra puede ocupar. Hay una tarea por hacer que ningún otro individuo puede realizar por nosotros. Todo tiene un sentido, todo toma significado cuando aprendemos a vivir *El juego de la vida*.

El pensamiento es una fuerza vibratoria y atractiva extraordinaria que nos ayudará a conseguir todo lo que queremos si somos capaces de aprovecharla. Gracias a esta fuerza podemos cambiar nuestras vidas atrayendo todo el amor, la salud y la prosperidad que nos están destinados.

Nuestras dudas, miedos y temores son nuestros peores enemigos y nos convierten en esclavos. Existe, sin embargo, la puerta secreta del éxito, que nos permite salir de la esclavitud. Cuando logramos que nuestras vibraciones armonicen con las del éxito, la felicidad y la abundancia, estos llegan hasta nosotros por sí mismos, sin esfuerzo. Podemos llegar a hacer que cambie el rumbo de nuestras vidas por medio de palabras positivas, pues atraemos todo aquello en lo que pensamos.

Este libro, tan simple como profundo, será un compañero eterno para todos los lectores que se encuentren en el camino de búsqueda de la Verdad. Su edición, ricamente ilustrada por Eliana Temperini, es la única en el mercado que reproduce los relatos de los Maestros Secretos de la Humanidad.

A los pies del Maestro es una de esas obras indispensables tanto para el principiante como para el iniciado en la vida espiritual.

«Apartad vuestra mente del orgullo, porque el orgullo es hijo de la ignorancia».

«Sea lo que fuere lo que hagáis, hacedlo de corazón».

«Vuestra voluntad debe ser como acero templado, si queréis hallar el sendero».

Tales son las enseñanzas del Maestro.

Deja que tu ángel celestial entre en tu vida y te inunde con su luz divina. Este libro nos ofrece la respuesta a las preguntas que con más frecuencia nos planteamos acerca de los ángeles: Quiénes son, cómo actúan, cuántos hay, cuáles son sus nombres, qué dones otorgan… Con este libro podrás conocer a fondo el nombre de cada uno de ellos, su significado etimológico, días de regencia y días de regencia zodiacal así como las características de las personas nacidas bajo el signo de cada ángel.

Sin embargo, todo este conocimiento teórico acerca de los ángeles no es más que el primer paso para iniciar el fascinante camino de la experiencia, para conocer personalmente a tu ángel celestial. Los 72 ángeles son amigos fieles, guías y confidentes preciosos que nos aman profundamente.

En este libro hallarás:

- Una tabla anual para conocer el ángel que rige toda tu vida.
- Consejos para comunicarte con tu ángel celestial.
- Método para visualizarlo.
- Oraciones para pedir consejo ante la duda o ayuda ante las dificultades.
- Plegarias para pedir su protección.
- Oraciones de alabanza.

En nuestro camino terrenal, no sólo recibimos la ayuda de ángeles y arcángeles; existen otras criaturas mágicas que también nos ayudan a superar las dificultades del pasado y a cumplir con nuestro propósito en la vida: los unicornios.

Una de las principales tareas de los ángeles es hacer que los seres humanos abramos de nuevo nuestros corazones para poder vivir la vida en la frecuencia del amor, mientras que los unicornios se encargan esencialmente de reconectarnos con nuestra alma con el propósito de que cada uno de nosotros reconozca la misión que eligió antes de encarnarse en este planeta y la realice en la presente vida.

Este libro está dedicado a los ángeles y a los unicornios, los cuales, en perfecta armonía, nos ayudan a dejar atrás el pasado, a estar en paz con el aquí y el ahora, a aceptar nuestras fortalezas y hacer realidad nuestras visiones y nuestra misión en la Tierra.

Todos nosotros tenemos ángeles que nos guían, que nos protegen. Son seres de luz que esperan que los acojamos en la simplicidad de nuestro corazón. Son los Ángeles Dorados.

Cómo invocar tu ángel celestial te invita a elevarte en el Conocimiento y a dar la bienvenida a tu Angélica Presencia. Este pequeño libro muestra un procedimiento realmente efectivo que te ayudará a descubrir la diferencia que existe entre los mundos interno y externo.

Si te esfuerzas sinceramente en contactar con tu Ángel Dorado, tu vida cambiará milagrosamente. Para aquellos que estén preparados, éste es el paso siguiente.

¿Podemos trasformar nuestra vida en 28 días? Sí, sin duda alguna.

Según las diversas investigaciones que se han llevado a cabo en este campo, para romper con una pauta antigua y programar otra más positiva se necesita un período de tiempo comprendido entre 21 y 28 días. A partir de entonces, se forman en el cerebro nuevas vías neuronales, y, por ende, otras creencias positivas que nos ayudan a alcanzar nuestros sueños. En tu recorrido personal a través de este proceso de 28 días, dejarás atrás antiguas ideas y actitudes tóxicas, y te unirás cada vez más a tu verdadera esencia, así podrás contactar mejor con los ángeles día tras día y, entonces, las sincronicidades y los milagros tendrán cabida en tu vida.

Por medio de meditaciones y textos de inspiración, Silke Bader ofrece una iniciación al poder de los ocho arcángeles con sus rayos de colores y su respectivo radio de acción. Por medio de este libro aprendemos a aprovechar el poder de los arcángeles de forma muy concreta en nuestra vida para poder liberarnos, paso a paso, de patrones viejos y realizar nuestro verdadero ser y creatividad original. Descubrimos cómo activar el potencial del alma, el «arco iris interior» y utilizar los rayos cósmicos de colores para despertar nuestro potencial creativo. Las imágenes/pinturas alegres de los ángeles, realizadas por la autora, junto a numerosos ejercicios prácticos, como son el «Ritual de los ancestros» o «El jardín interior de la gratitud» representan una gran ayuda en ese proceso.

Compiladas por los grandes maestros ascendidos para coordinar la fuerza de la oración en todo el cuerpo de estudiantes de la Verdad en el planeta Tierra, estas *Meditaciones para cada día* se elevan hacia Dios en alabanza. El lector hallará aquí oraciones y meditaciones para los 7 rayos, que podrá realizar los 7 días de la semana para obtener poder, protección, paz, amor, sanación y transmutación. Un libro inspirado por el Maestro Ascendido Morya, director del Primer Rayo Azul.

El tesoro de milagros y oraciones de la Cruz de Caravaca es el libro de oraciones y conjuros más famoso de todos los tiempos. El libro contiene plegarias, conjuros, secretos mágicos y oraciones curativas. En él se incluyen, además, oraciones para atraer la suerte, ahuyentar a los demonios y librarse de los enemigos. Asimismo, se exponen las utilidades y los usos mágicos del agua bendita. La presente edición, profusamente ilustrada con grabados de santos, es la más completa que se conoce en la actualidad.

Durante milenios los hombres hemos basado nuestras relaciones en la necesidad y el deseo de control, y hemos medido el éxito y a los demás según las posesiones materiales atesoradas… ¡ES HORA DE CAMBIAR! ¡QUEREMOS UN MODO DE VIDA MEJOR!

Recordar y vivir las leyes espirituales universales es el modo de empezar la andadura del camino de la felicidad que lleva a mirar el mundo y a cuantos nos rodean con amor y confianza y a hacer de esta Tierra un lugar de gozo, serenidad y armonía.

La autora expone con claridad y con sugestivas anécdotas reales las 36 leyes espirituales que gobiernan la vida en la Tierra.

Siguiendo estas leyes conseguirás paz, alegría, gratitud… y muchas otras bendiciones que harán que tu vida sea plena de felicidad.